自閉症の人の
問題提起行動の解決

FBA（機能的行動アセスメント）に基づき支援する

ベス・A. グラスバーグ

門 眞一郎＝訳

明石書店

目　次

はじめに

　ついに！ そのいらだたしい行動問題、これまでは無意味に思われていた問題が、意味をなし始めました。子どもの機能的行動アセスメント（FBA）が完了した今、その「問題」提起行動が実際に子どもの世界を拡充するのに役立っていることが分かります。それで？ この情報を用いて、最終的に問題を永久に解消するにはどうすればよいのですか？

　簡単に言えば、親、教師、その他の支援者は、行動の機能を確定する方法だけでなく、FBA中に収集した情報を使って、行動を変化させる方法も知らなければならないということです。本書で身に付くのはそのことです。

　この段階で、おそらく読者は次の事例の中に自分の関心事を見い出すことでしょう。

グレース・カーマイケル

　10月までに、ブラント先生は仕事を辞める準備ができていました。先生はここ数年、2年生のクラスを教えることを楽しんでい

ましたが、今年は違いました。幼いグレース・カーマイケルが、先生の人生を滅茶苦茶にしていたのです。グレースは8歳の少女で、自閉スペクトラム障害（ASD）があり、ブラント先生の普通学級に入っていました。グレースは、他児にとても興味があり、新しい教室に入り、新しい友だちを作る機会を得たことに興奮していました。何日もの間、グレースはまったく問題がありませんでしたが、ある日突然、彼女は椅子を持ち上げて、隣の席の子どもの足にその椅子をたたきつけたのです。工芸活動では、グレースは近くに座っている子どもの腕を噛むことがありますし、列に並んでいるときには、自分の前に並んでいる子どもを平手打ちすることもあります。

　ブラント先生は、学校の行動スペシャリストに相談し、グレースはこれらの行動を使ってクラスメートの注意を引いていることがわかりました。グレースはうまく話すことができましたが、クラスメートにうまく溶け込むことはできませんでした。グレースは、クラスメートの非言語的な手がかりの多くを捉えそこない、不適切な時に不適切な相手に、あるいは不適切な方法で適切な相手に近づくのでした。攻撃的な行動は、実は、クラスメートに反応してもらうための最も効率的な方法だったのです。その一方でグレースは、ソーシャル・スキルに問題を抱えているために、攻撃的行動によって反応してもらうことは、まったく反応がないことよりも悪いことだということが理解できなかったのです。

　ブラント先生は、グレースがクラスメートを傷つける理由が分かりホッとしましたが、グレースがクラスに留まれるためには、状況をどう改善したらよいのかがまだわかりませんでした。

ジャマール・ブラウン

　4歳のジャマール・ブラウンは、家庭ベースの行動単位型指導プログラムですばらしい進歩を遂げていました。彼は勉強や身辺自立、運動のプログラムをどんどんこなしていくだけでなく、ソーシャル・スキルに関しても素晴らしい進歩を遂げていました。ジャマールは、適切な身体言語やイントネーションも使いながら、さまざまな話題に関して完璧な会話をすることができました。ジャマールは定型発達のクラスメートと交流する準備ができている、と親と先生は確信し、それを試すために子どもの体操クラスに入れることにしました。

　しかし、とてもがっかりしたことには、ジャマールは他児とうまくやりとりできませんでした。ジャマールは他児をじっと見て、彼らの活動に興味を持っているように見えましたが、他児に近寄ろうとはしませんでした。他児が近づくと、ジャマールは奇妙な顔をし、体をゆがめた姿勢をとりながら、他児を見つめるだけでした。悲しいことに、他の子どもたちは、間もなくジャマールと遊ばなくなりました。親と先生は困惑しました。他児と一緒にいるときに、どうしてジャマールのソーシャル・スキルのスイッチは、不可解にも切れてしまうのでしょうか。

　最終的に、ジャマールの先生は、この問題提起行動の機能的行動アセスメントを実施しました。ジャマールの行動が他児を怖がらせると、ジャマールは他児とのやり取りという難しい課題から逃避できるということが、先生には分かりました。ジャマールは意のままに簡単に他児とのやりとりを回避できるのです。では彼にとても必要なソーシャル・スキルの練習を、先生はどうやってさせることができるのでしょうか？　しかし、他の子どもたちに、

逃げずにとどまってジャマールとやりとりするよう強制すること
は、先生にはできませんでした。

ダラ・リットマン

　ダラ・リットマンの母親は、「ボーイズバンドのワン・ダイレク
ション（One-D）の話はもうしないで」と、ダラに一度言った
ら、その後1,000回は言うことになるのです。ダラは、テレビ番
組で One-D を一度見て以来、One-D について話すのを止められ
なくなりました。どんなに無関係なものでも、ほぼすべての会話
を One-D の方に向けるようになったのです。このような奇妙な
話題変更は、他児を不快にさせ、結局皆はダラを避けるように
なりました。　それでも、ダラはそのことしか話しませんでした。
母親は One-D についてのいかなる話も禁じ、ダラがその名前に
ついて少しでも話したら、ダラの夜のテレビ視聴時間を 10 分間
削るという規則を作りました。それでも「One-D話」は続いたの
です。ダラに与えられた 2 時間のテレビ視聴時間をすべて失って
も、「One-D話」はまったく影響を受けませんでした。
　そこで母親は、この問題について、機能的行動アセスメント
の実施を学校に申し込みました。　アセスメントの結果、ダラは
One-D について語ることで気分が良くなることが分かりました。
テレビの時間を失っても「One-D話」は減らなかったのです。な
ぜなら、テレビを見るよりも、何としてでも One-D について話
す方がよかったからです。母親は、「ああ、そうなのか！　では、
私はどうしたらいいのだろう」と途方に暮れました。

アンソニー・カポゾリ

カポゾリ氏は、いつもの不快な音が居間から聞こえてくると、走って行きました。予想通り、自閉症で言葉のない15歳の息子アンソニーが、頭を窓ガラスに打ち付けていました。「アンソニー！」と父親は叫び、彼を窓ガラスから引き離しました。父親は、頭突きは危険だし、やってはいけないということを、厳しく息子に思い出させようとしました。それから、父親は、ビーズの箱のところにアンソニーを連れて行きました。そこは普段は立ち入り禁止にしていましたが、家族はそこを使って、この危険な行動を続けることからアンソニーの気をそらすことにしていました。

なぜアンソニーが頭突きをするのかを解明するために、父親は行動分析家を雇ったところ、頭突きは、実はビーズを要求するための手段だとの説明を受けました。頭突きは、ビーズを手に入れるために使うことのできる最も効率的な方法でした。アンソニーが頭突きをするたびに、父親はアンソニーにビーズを与えて、頭突きから気をそらせたのですが、実はかえって問題を悪化させていたことになります。父親は無力感に襲われました。アンソニーが次に頭突きをしたときに、自分はどうすればよいのだろう？アンソニーが自分を傷つけたり、窓を壊したりすることを放っておくことはできませんでしたし、アンソニーは力づくで押さえ込むには本当に大きすぎました。

前述の各事例から言えることは、問題提起行動を理解することは、それを解決するための重要な最初のステップですが、残念ながら理解だけでは十分ではないということです。問題提起行動は、人をイライラさせたり、生命を脅かしたり、財産や人間関係を破

壊したりすることもあります。問題提起行動だけのために、有能な人が地域社会への完全参加を妨げられることがあります。いずれの場合でも、問題提起行動を止める必要がありますが、それは親または教師が、理解を行動に移す場合にのみ可能です。

　本書は、『自閉症の人の機能的行動アセスメント（FBA）』の続編であり、ポジティブな行動変化を生み出すために、機能的行動アセスメント（FBA）で集めた情報の使い方を学ぶためのものです。本書では、FBAを行うための基本のいくつかを復習しますが、読者は上掲の本を既に読んでいるか、FBAプロセスについての実践的な知識を既に持っていることを前提としています。本書では、FBAが完了した後のステップについて説明します。具体的には、読者は、FBAの結果を用いて、確かな情報に基づく完全で効果的な行動支援計画を作成する方法を学びます。ポジティブ行動支援プロセス（Carr, Horner, Turnbull et al., 1999）の基盤であるFBAに基づく計画により、支援者は、問題提起行動を防止または軽減するために、環境に具体的な変更を加えることができます。

　第1章では、FBAの基本を確認します。そこで、『自閉症の人の機能的行動アセスメント（FBA）』に詳述されている基本概念が思い出されるでしょう。そして行動の機能を確定する方法を要約し、それが効果的な支援につながる理由を説明します。

　第2章では、人が問題提起行動を《脱学習する》ように支援する方法について、読者の理解を助けるため、学習理論の概要を説明します。

　第3章から第5章では、さまざまな種類の支援方法を紹介します。これらの方法には、1）問題提起行動が生起する前に環境要因を変更する、2）元の問題提起行動と競合する可能性のある新しい行動を導入する、あるいは3）問題提起行動への人々の対応の仕方を変更する、などです。こういった支援方法を用いて、第

6章では、さまざまな機能を持っている行動を予防または軽減するのに適した、具体的な行動支援パッケージを作成する方法を説明します。

第7章では、複数の機能を持つ問題提起行動に対処したり、グループ場面で問題提起行動に対処したりするなど、行動支援計画を特別な状況に合わせて作成するためのアイデアを概説します。行動計画を作成したら、第8章では、計画を効果的かつ確実に実行する方法について説明します。行動支援計画を作成するための具体的な手助けと計画用紙は、第9章にあります。そして、第10章は、予期せぬ問題提起行動への対処や、その他よく出る疑問点の解決に役立つでしょう。最後に、第11章では、自閉スペクトラム障害の人の問題提起行動を、そもそも予防する方法をいくつか説明します。

本書の目的は、上記の原理と方法を、わかりやすい言葉で説明することです。親や専門家は、その原理と方法を、FBA によって得た情報とともに使って、効果的で妥当な行動支援を計画することができます。訓練を受けた行動分析家の支えがある読者は、本書によって、行動支援計画の作成と実行のプロセスへの、いっそう活発な関与者になれるでしょう。ここで説明する方法は、チックなどの医学的な問題を除去することには役立ちません。ただし、それらの方法は、そのような医学的な問題によるハンディキャップを軽減する方法を検討することには役立ちます。

この目標を達成するために、本書では専門用語の使用をできる限り最小限に抑え、実用的な提案をし、各章の《簡単にまとめると》のヒントを使って、読者が複雑な概念をうまく扱い、段階的アプローチの使用に役立つようにしています。コミュニケーション・スキルやソーシャル・スキルの不足は、自閉症やその関連障害の人の問題提起行動につながることがとても多いので、親、大

人の兄弟姉妹、祖父母、グループホームのスタッフ、その他の支援者だけでなく、教師、学校心理士、そして自閉スペクトラム障害の人に関わる他の専門職にも、本書は役に立つことでしょう。本書で説明した方法は、あらゆるタイプの自閉スペクトラム障害の幼児、就学前児、児童生徒、青年、および成人だけでなく、問題提起行動を伴う他の人たちにも使えます。本書は、自閉スペクトラム障害に焦点を当てていますが、説明した方法のほとんどは、発達障害や問題提起行動を伴う別の課題を抱える人たちすべてにとって等しく有用であることに注意してください。

　認定行動分析士としての仕事の中で、私は、本書で説明した方法がグレース、ジャマール、ダラ、アンソニーの場合と同様の問題提起行動をとる何百人もの人を助けるのを見てきました。また、多くの親、教師、その他の人々がその方法の効果的な適用を学ぶのを見てきました。あなたが支援する人を、ダメージや制約をもたらす行動を生み出してきた過去から解放し、より生産的でインクルーシブな未来への扉を開くのに必要な思慮深い支援方法を、本書が提供できることを願っています。

第1章 機能的行動アセスメントと行動支援計画

概要

FBA とは何ですか、またなぜそれを行う必要があるのですか？

　ほとんどの問題提起行動は、一見すると無意味なものです。アンソニーが自分に苦痛を与えていること、またはダラがテレビの時間を失うことについて考えてみください（《はじめに》を参照）。支援を考えていた人たちには、何が起こっているのかが分からなかったため、伝統的な支援はこれらの若者にはうまくいきませんでした。ここはひとつ機能的行動アセスメント（FBA：Functional Behavior Assessment）の出番です。FBA は、情報を取得し、人にとっての行動の目的（機能）について仮説を立てるために設計された、体系的な一連の科学的手順です。

　本書の《はじめに》および『自閉症の人の機能的行動アセスメント（FBA）』で説明したように、傍観者にはまったく無意味に見える行動でも、実際にその行動をとっている人にとっては意味があります。それが、このいらだたしい行動が続く理由なのです。

欲しいものを手に入れるためのもっと効率的な方法を、アンソニーやダラが知っていたなら、問題提起行動の代わりにその方法を使ったことでしょう。実際には何を望んでいるのか、そして問題提起行動を最良の手段にしたのは、その人の環境内にある何なのかを確定するために使用する一連の手順が、機能的行動アセスメントです。行動についてのこの新しい理解を、行動の《機能》と呼びます。それは、質問「この行動はその人の環境内でどのように《機能》するのか」の答えです。

　Edward Carr と Mark Durand（1985）は、問題提起行動と環境との間の予測可能な関係について、初めて論文にしました。彼らの研究対象者の中には、ほとんど注意を向けてもらっていないときにのみ問題提起行動をとった人もいれば、非常に難しい課題をさせられたときにのみ問題提起行動をとった人もいるということが分かりました。どの人も、問題提起行動と環境内で起きていることとの間に、独自の関係性を示しました。

　多くの研究者が、問題提起行動の背後にある理由を体系的に研究することで、その行動に対する効果的な支援方法が導かれるということを示してきました。具体的には、FBA の結果に基づく支援計画は、試行錯誤に基づく支援計画よりも効果が上がる可能性が高いことが、研究によって明確に実証されています（例：Repp, Felce, & Barton, 1988）。

　機能的行動アセスメントの背後にある科学には、非常に説得力があるため、合衆国の公立学校には、障害のある児童生徒の問題提起行動に取り組むときは、FBA の実施を検討する法的義務があります（障害者教育法，2004）。研究を重ねた結果、徹底的な機能的行動アセスメントに頼ることが、問題提起行動を軽減または解消させる可能性が最も高い方法であることが明らかになりました（例、Iwata et al., 1994 など）。機能的行動アセスメントに基づ

く行動支援計画は、あらゆる年齢およびあらゆる機能レベルの人に効果があります（例：Austin, Weatherly, & Gravina, 2005; Ervin, DuPaul, Kern, & Friman, 1998）。

なぜFBAは試行錯誤よりも効果的なのですか？

　FBAに基づく支援の方が試行錯誤よりも効果が大きいだけでなく、最初から大きな効果を発揮する可能性が高いのです。試行錯誤アプローチでは、次々と支援が作り出され、実行され、その効果のアセスメントには時間を要しました。その間ずっと、本人の問題提起行動は、よくても持続、最悪の場合はさらに深刻になります。FBAを実行すれば、その初期段階では時間がかかりますが、長期的に見ると、問題提起行動を迅速に軽減できる可能性が高いのです。

　さらに、機能アセスメントに基づく支援は、将来の問題提起行動を予防または軽減するのに役立ちます。たとえば、《はじめに》のアンソニーについて考えてみましょう。彼の頭突きがビーズを要求する手段であると判断すると、アンソニーには一般的に要求をするための支援が必要である、という事実に気づきます。支援の一環として、要求についての幅広いレパートリーをアンソニーが習得するのを、私たちは手助けすることになるでしょう。このことにより、今後は必要なものを入手するために頭突きをする必要がなくなります。

　アンソニーの事例は、機能に基づく支援法の最も重要な特徴の1つを強調するものです。すなわち教育的だということです。FBAに基づく支援により、当事者のスキル、能力、選択権が増大します。コミュニケーション・スキルやソーシャル・スキルに困難さを抱えている自閉スペクトラム障害の人にとって、FBA

は生活の質の向上につながる重要な情報を提供してくれる可能性があります。

　問題提起行動の機能を理解すれば、親や専門家は誤った行動をとらないですみます。たとえば、試行錯誤アプローチを使っている親や教師は、子どもが自分を噛み始めるたびに、（その状況から子どもを切り離す）タイムアウトの使用を決断する場合があります。しかし、Brian Iwata ら（1994）が、自傷行為の既往歴のある 150人以上のデータを再検討したところ、彼らの多くは、自傷行為を使って何かを逃れたり、回避したりしていたことがわかりました。ある状況から逃避するためにとる行動の結果としてタイムアウトを使うなら、その問題提起行動を取ることを、子どもにうっかり教えていることになります。考えてみてください。子どもは逃避したいので、問題提起行動に踏み出し、タイムアウト（逃避）させてもらえるのです。これは、問題提起行動が逃避につながることを、子どもに教えることになります。子どもは、何かから逃避したいと思ったら、再びすぐに問題提起行動をとることでしょう。よく使われているもう一つの試行錯誤アプローチによる支援を検討してみましょう。グループホームで暮らしている自閉症で発語のない成人であるロバートが、皿を片付けるのを嫌っているとします。ロバートは、自分がキッチンの床で皿を割ったら、誰かが彼の仕事を引き継ぎ、自分は残りの皿の片付けをしなくてすむことに気づきました。この皿割り行動を阻止するために、グループホームのスタッフは《過剰修正法》を用いて、壊れた皿だけでなくキッチンの床全体をロバートに掃除してもらうことにするかもしれません。そうすることで、実際に、ロバートが皿を割るのを阻止できるかもしれません。しかし、皿の片付けは好きではない（あるいは他の作業も好きではない）ことをコミュニケートする手段は、依然としてロバートにはありません。彼は、作業を回避するため

に、皿を割ることよりもっと望ましくない方法を考え出すかもしれません。ロバートは、もはや皿を割りはしませんが、自分のニーズを満たすための適応的な手段はないままなので、この問題は解決されていないのです。

問題提起行動の機能としては何が考えられますか？

問題提起行動をとる目的は無数にあると思われるかもしれませんが、長年の研究により、《機能》に関する4つの一般的なカテゴリーのうちの1つに従って、さまざまな動機をすべて説明できることが分かりました。考えられる機能を、いろんな専門家が、それぞれわずかずつ異なるやり方で説明していますが、これらの異なるシステムは互いに同等なものです（たとえば、Iwata, et al., 1994; Durand & Crimmins, 1992）。本書では以下のように、行動の機能として考えられるものを4つ取り上げます。

1. 注意　行動は、一人あるいは複数の人からの注意注目を獲得したいという欲求によって動機付けられます。望まれる注意は、さまざまな質のものが考えられます。たとえば、ある人は、音声的な注意や身体的な注意、控え目な注意や熱心な注意、または1人からの注意やグループからの注意を望んでいるかもしれません。《はじめに》で紹介したグレースの攻撃的な行動は、このタイプの機能の例です。彼女はクラスメートの注意、たとえそれが質の悪いものであれ、積極的な注意を獲得するために、クラスメートに向かって攻撃的に振る舞っていたのです。

2. ものや活動　行動を使って、食べ物、飲み物、おもちゃ、特権など、望みのものや活動を手に入れるのです。《はじめに》

で紹介したアンソニーの問題提起行動は、このタイプの機能の例です。アンソニーは、ビーズを要求する手段として頭突きを使いました。

3．逃避/回避　この機能によって動機づけられた問題提起行動は、課題から、または嫌だと思っていることから逃避または回避するのに役立ちます。《はじめに》で紹介したジャマールの問題提起行動は、このタイプの機能の例です。ジャマールは、奇妙な表情と姿勢によって、体育の授業で他児とのやりとりをしないですみました。

4．自動強化　このタイプの行動は、気分が良くなる、痛みが軽減する、あるいは内部刺激を強化するために繰り返されます。《はじめに》で紹介したダラの行動は、このタイプの機能の例です。何らかの理由で、ダラは、自分の独語に他の人がどう反応するかに関係なく、One-D について話すと内的な満足感が得られることに気づきました。

　複数の機能が組み合わさっていることもあります。つまり、1つの行動が複数の機能を持つこともあるのです。たとえば、子どもがクラスメートを叩く場合、これは教室からの退去（逃避）とガイダンス・カウンセラーとの話し合い（注意）につながる可能性があります。1つの行動が複数の機能を持っている場合、それを《マルチ・オペラント》行動と呼びます。問題提起行動が、自分の環境をコントロールするための最も効率的な方法になることがあるので、コミュニケーション能力に制約のある人には、マルチ・オペラント行動は特によく見られます。たとえ適切に要求したとしても、その要求が無視されかねない柔軟性の低い環境では、やはりマルチ・オペラント行動がよく見られます。

　さらに、複数の行動が同一の機能を果たすこともあります。た

とえば、子どもは手を挙げ、叫び、嫌みを言うなどの行動のすべてを用いて、教師の注意を引くこともあります。ある時点で子どもがどの行動を選択するかは、環境内で変化する要素に左右されるでしょう（第2章で説明します）。適切な行動であれ、不適切な行動であれ、それに対して一貫性のない反応をされると、人は自分のニーズを満たす手段のレパートリーをさらに広げる可能性があります。

始めるには

　行動支援計画立案の第1ステップは、支援が必要かどうかを判断することです。この第1ステップには、問題提起行動の現在の頻度と強度に関する《ベースライン》データを収集して、それが本人およびその人の環境内の人々にとって、どれほどの問題となっているか、を確認することが含まれます（《ベースライン》データの収集と使用の詳細については、『自閉症の人の機能的行動アセスメント（FBA）』を参照してください）。
　要約すると、次の場合に問題提起行動は支援の対象になります。
■本人や他の人に危険をもたらす
■器物の破壊につながる
■本人の好みの事物や活動にアクセスする能力を妨げている

さらに、行動は次のようでなければなりません。
■重大な損傷を引き起こすに十分な高レベルで起きる
■高レベルにとどまるか、または増大している
■かなり確固としたものになっている
　これらのガイドラインに従って標的とすべき行動を選択すると、本人の自立性を不必要に制限したり、貴重なリソースを不必要に

消費したりしないですみます。

行動の機能を確定するにはどうすればよいですか？

　ある行動の機能を確定するのに役立つ手順はたくさんあります。一般的に、すべてのFBAには、観察、インタビュー、および記述的アセスメントが必要です。なんらかの仮説検証や実験的コントロールの実施も望ましいです。これらの各ステップについて、以下で簡単に説明します。詳細な情報や書式、手順については、『自閉症の人の機能的行動アセスメント（FBA）』を参照してください。

観察

　問題提起行動をとっている時、およびとっていない時の両方で、その問題提起行動をとっている人を観察することは、重要な第1ステップです。これにより、支援チームは、問題提起行動の前後に本人の環境が変化するかどうか、そして変化する場合はどのように変化するかを知ることができます。

　たとえば、休憩時間が終わって教室に戻り、これから勉強に取り組もうとしている生徒のニックについて考えてみましょう。ニックは床に寝転がったので、教室から連れ出して感覚入力を楽しませた場合（自閉症の生徒によくする支援）、彼の行動は環境をどのように変えたでしょうか？　ニックが寝転がる前は、勉強の時間でした。寝転がり行動の後は、感覚入力の時間でした。今やニックは、床に寝転がることが勉強から逃避するための良い方法であるということを、おそらく学習したことでしょう。

　この例をさらに検討してみましょう。勉強を求められる前で、

床に寝転がらない時がありますか？ 彼が机上課題に向かう途中でのみ寝転がり、図書室や美術室、体育館でのグループ・ワークや単独ワークへ向かう途中では寝転がらないことを発見したなら、もっと彼のニーズに合うように、机上学習に関して何かを変える必要があると考えられます。勉強が難しすぎるのか、あるいは簡単すぎるのかもしれません。それは、好きではない教材、または好きではない科目なのかもしれません。することが、あまりにも反復的なのか、あるいはあまりにも無意味なのかもしれません。いずれにしても、アセスメントの一部は、机上学習に関連する問題点を正確に特定し、その問題点を解決する方法を解明することです。

　観察を続けると、問題提起行動をとろうとはしないときとは対照的に、問題提起行動をとるときに、どの環境的支援を実施するべきかに気づくことができます。また、問題提起行動への周囲の人々の対応の仕方を確認し、これを本人からの適切な要求に対する周囲の人たちの対応の仕方と比較することもできます。

インタビュー

　私たちには、人をあらゆる状況で観察することはできません。したがって、その人の行動に関して、重要な人にインタビューし、その情報をアセスメントに含める必要があります。

　インタビュー時に、観察時に調べたのと同じ基本的な疑問点について調べます。すなわち、問題提起行動は、本人が自分の環境をコントロールする上でどのように役立っていますか？ 私たちが問うのは、

■その行動が多かれ少なかれ生じやすいのはどんなときか？

■自分のニーズを適切に満たすために持っているスキルは何

か？

■その問題提起行動を使用すること間違いなし、あるいは使用しないこと間違いなしという状況があるかどうか？

■その問題提起行動の前後に何が起こるか？

以上は、役に立つインタビュー質問のほんの一例です。さまざまな状況でその人を見ている複数の人に、インタビューしてください。

別々のインタビュー対象者からの回答が一致しなくても、驚かないでください。時には、行動の結果が環境によって異なるため、場面によって行動パターンが異なることがあります。たとえば、クッキーをもっと欲しいという子どものおねだりを、無視するのは簡単だと母親は気づいて無視し、おねだり行動が自宅ではすぐに消えてしまう可能性があります。対照的に、おばあちゃんは、おねだりを拒否するのが難しいと感じるかもしれません。その結果、おばあちゃんの家でおねだりをする可能性がはるかに高くなるでしょう。複数のインタビュー対象者の回答が一致しないことがある場合のもう1つの理由は、単に人は意見を異にすることがあるということです。

記述的アセスメント

記述的アセスメントは、問題提起行動を取り巻く環境と事象を定量化します。記述的アセスメントでよく使われる形式の1つは、《ABC》（先行事象Antecedent-行動Behavior-結果事象Consequence）データの収集です。このタイプのデータ収集は、問題提起行動の直前と直後に生じていたことの記録に重点を置きます。これにより、パターンを探ることができます。たとえば、ママが電話に出ると、ジョニーが妹をたたく。するとママは電話を切って、ジョニーに

再び注意を向けるという結果になるというように。

　ABCデータは、物語形式（生じたことを書くだけ）で取ることもできるし、特定の仮説に取り組むかどうかにかかわらず、特定の反応用に作成されたチェックリストを使って取ることもできます。たとえば、表1は、ある子どもの大声と逃走という問題提起行動をプロンプトするものを、見つけ出すためのチェックリストです。

　もう一つのタイプの記述的アセスメントに、さまざまな環境条件下で問題提起行動が生起する頻度を記録するものがあります。たとえば、課題を実行するように求められたときに、その問題提起行動はどのくらいの頻度で生起するのか？　ほとんど注意を向けてもらえないときに、その問題提起行動はどのくらいの頻度で生起するのか？　26ページの表2は、望みの物事を得るために使う問題提起行動について、このタイプの記述データを収集するための図表の例です。

仮説検証

　時には、観察・インタビュー・記述的アセスメントが互いに補強し合い、支援チームは行動の機能が理解できたと確信することがあります。しかし時には、予備的アセスメントの後、チームが混乱することもあります。その場合、より科学的な《仮説検証》が必要です。さらに、仮説検証は、チームがアセスメントの結果にかなり自信がある場合でも、アセスメントを正確なものにするための良い習慣でもあります。

　仮説検証中に、支援チームは問題提起行動についての《予測と制御》を実証しようとします。つまり、チームメンバーは、行動が生起する可能性が高い条件を予測し、その条件を設定して、実際に行動を生起させることができるということです。逆に、チー

ムは、別の条件下では行動が生起しないことを実証できます。た
とえば、グレースのアセスメント・チームは、他児からまだ注目
されていない場合にのみ、他児を攻撃すると予測するとします。
チームは、クラスメートにグレースと15分間遊んでもらい、何
回攻撃しようとするかを数えることによって、この予測を検証し
ます。次に、そのクラスメートに、グレースと15分間遊ばない
よう指示し、グレースが何回攻撃しようとするかを数えます。

　仮説検証を使う場合は、各条件を少なくとも2、3回は繰り返
して、データが一定期間一貫していることを確認します。ある条
件では行動の生起率が高く、別の条件では低いというパターンが
繰り返されれば、行動がその環境条件に関して予測通りに機能し
ていることを示唆します。

機能分析

　特に分かりにくい問題提起行動の場合、行動の機能を確定する
ために、先行事象と結果事象の分離を計画的に行う必要があるか
もしれません。機能分析と呼ばれる、この非常にコントロールさ
れた科学的なアセスメント手法は、実際に問題提起行動を強化す
ることもします。例えば、大人の注意を引くために、サマンサが
自分を噛もうとするのかどうかを判断するために、大人をつけて
サマンサを部屋で一人にするかもしれません。大人は、今すぐ何
か課題ををするよう指示し、その課題が終わったらサマンサと遊
びます。その後、大人はサマンサを無視します。サマンサが大人
の注意を引くために自分を噛むなら、大人は、サマンサに注意を
向け（例えば30秒間）、その後自分の「仕事」に戻ります。

　このやり方は、奇妙で直感に反するように聞こえるかもしれま
せんが、自然環境で何気なく生じている可能性があることを再現

表1　ABCチェックリストの見本

問題行動の<u>直前</u>に何があったか？	どんな行動？	問題行動の<u>直後</u>に何があったか？	問題行動はすぐにおさまったか？
□指示が出た □他児が近寄ってきた □先生が他の子に関わった □その他	□大声をあげた □走って逃げた	□追いかけられた □課題の完了をプロンプトされた □他児に返事するようプロンプトされた □新しい活動へと再指示された □その他	□はい □いいえ
□指示が出た □他児が近寄ってきた □先生が他の子に関わった □その他	□大声をあげた □走って逃げた	□追いかけられた □課題の完了をプロンプトされた □他児に返事するようプロンプトされた □新しい活動へと再指示された □その他	□はい □いいえ
□指示が出た □他児が近寄ってきた □先生が他の子に関わった □その他	□大声をあげた □走って逃げた	□追いかけられた □課題の完了をプロンプトされた □他児に返事するようプロンプトされた □新しい活動へと再指示された □その他	□はい □いいえ
□指示が出た □他児が近寄ってきた □先生が他の子に関わった □その他	□大声をあげた □走って逃げた	□追いかけられた □課題の完了をプロンプトされた □他児に返事するようプロンプトされた □新しい活動へと再指示された □その他	□はい □いいえ
□指示が出た □他児が近寄ってきた □先生が他の子に関わった □その他	□大声をあげた □走って逃げた	□追いかけられた □課題の完了をプロンプトされた □他児に返事するようプロンプトされた □新しい活動へと再指示された □その他	□はい □いいえ

表2　記述分析チェックリスト

行動の定義：	問題提起行動が生起したときに、その人が何かを要求されていた場合は、この列にマークを付ける。	問題提起行動が生起したときに、その人に注意が払われていなかった場合は、この列にマークを付ける。	問題提起行動が生起したときに、自分が手に入れられなかったものを欲した場合は、この列にマークを付ける。
生起1			
生起2			
生起3			
生起4			
生起5			
生起6			
生起7			
生起8			
生起9			
生起10			
生起11			
生起12			
生起13			
生起14			
生起15			

しているのです。実際、サマンサが注意を引くために噛みつきを用いている場合、このタイプのセッションを繰り返すうちに、噛みつきは増加することがわかります。サマンサは、先行事象と結果事象のパターンに気づくのです。対照的に、サマンサは、実際には噛むことで欲しいモノを手に入れている（たとえば、噛んだときにぬいぐるみやおしゃぶりが与えられるだけ）という場合なら、噛むたびに注意を向けられても、噛み続けることはないでしょう。この場合、サマンサは注意を求めてはいないので、手がかりと結果事象のパターンを経験して、この場面では噛んでもぬいぐるみは手に入らないということを学習するでしょう。

　機能分析には、長時間にわたる複数回のセッションを伴います。これらのセッションにおいて、チームメンバーは、実際に時間をかけて本人に問題提起行動を増加させることにより、行動の機能

を記録します。ご想像のとおり、必要な環境要因を制御し、関連データを記録し、すべての参加者を安全に保つためには、複数のスタッフが必要です。したがって、この機能分析という方法は、経験豊富な行動分析士の指導の下でのみ実行するべきです。

簡単にまとめると

■問題提起行動の機能を理解すると、その行動をうまく取り除ける可能性が高まります。

■行動の機能には、よくあるタイプとして4つあります。
1．注意の獲得
2．要求がきつい状況からの逃避またはその回避
3．欲しいものやしたい活動の獲得
4．自動強化

■確立された機能的行動アセスメント（FBA）の手順を用いて、支援チームは、行動が果たす機能（1つまたは複数の）を特定できます。

第2章

どのようにして行動は脱学習されるか？

　児童生徒やクライアントの問題提起行動はすべて、経験から学習されたものであるということを、第1章は思い出させてくれますが、それは私たちが学習させるつもりはなかったことです！この問題提起行動については、魔法や不合理なことは何もありません。それは単に学習の産物なのです。これこそが、FBAから力をもらえる理由なのです。行動の1つまたは複数の機能と、それがどのように学習されたかが分かれば、周りの物事を変えて、行動を《脱学習》させることができます。本章では、脱学習（unlearning）に基づく支援に目を向けて、学習の基本的なプロセスを確認します。

　この章は、本書の中では最も技術的な章です。しかし、これから述べる行動の基本概念をひとたび習得すれば、読者は装備を整え、児童生徒やクライアントの脱学習を指導するための具体的な方法を学ぶ準備が整うのです。

学習（および脱学習）理論の概要

　学習とは、ある行動が比較的永続的に人の行動レパートリーに追加されることを意味します。したがって、脱学習とは、人の行動レパートリーから行動を削除することを意味します。それを私たちはやろうとしているのです。ある行動を脱学習させるための最善の方法を理解するには、まず学習の基本原則を理解する必要があります。学習（したがって、脱学習）は、4項式の形で行われます。

動機づけ➡先行事象+行動+結果事象

　学習方程式の各構成要素について、以下で説明します。

1．動機づけ（Motivation）

　学習と脱学習は、動機づけから始まります。動機づけとは、日常の言葉で言うと、人が何を望んでいるのか、何を欲しているのか、またそれを達成するためにどれだけ一所懸命働くのかを指します。たとえば、教師は、生徒の問題提起行動を取り除くよう動機づけられており、終身在職権を取得するよう動機づけられており、学部長に任命されるよう動機づけられているというようにです。

　行動の研究において、動機づけの意味はこれに非常に近いのですが、動機づけは外的で測定可能な要因の観点からのみ考えます。たとえば、「空腹」は定量化できませんが（非行動学的な説明）、最後の食事からの時間数は簡単に測定できます（食事についての動機づけの行動学的な理解）。動機づけは行動を引き起こすので、動機

づけするもの（行動を動機づける条件や事物）が変わるように環境を変えるなら、最終的に行動を変えられます。たとえば、5時間食べていない子どもに食べ物を与えると、食べ物を獲得するための行動は減少するでしょう。

動機づけの測定：確立操作（Establishing Operation）

　行動分析学では、動機づけは、歴史的には、《確立操作》または《EO》と呼ばれる定量化可能なプロセスによって説明されてきました（Michael、1982）。簡単に言えば、確立操作とは、ある時に何かを誰かにとっての強化子にする事物です（これは、誰かの環境を《操作》し、ものや事象への動機づけを《確立》することです）。上記の例で言うと、最後の食事からの時間の長さは、食べ物へのEOと考えることができます。誰かが食べ物を食べずにいる時間が長ければ長いほど（そして空腹になればなるほど）、その人はいつものように食べ物を得ようとすることがいっそう強く動機づけられます。

　確立操作は、かつて欲しいものをうまく手に入れることができた行動を、再び試させようとします。私たちの例で言うと、食べ物を要求したり、冷蔵庫のところまで行ったりする行動により、かつて食べ物を手に入れることができた場合、食べ物の遮断は、私たちにそういう行動をさせるでしょう。

　EOについて考えると、動機の常に変化する性質が浮き彫りになります。例えば、食事をしてから1分ごとに、食への動機づけが高まっていきます。逆に、一口食べるごとに追加の食べ物を探す動機づけが低下していきます。EOは常に変化しているため、人にとっての食べ物の価値も同様に常に変化します。「私の生徒がこの食べ物という報酬のために作業しないなんて信じられ

ません。それはこの生徒の好物なのに！」しかし、好きな食べ物は、子どもが遮断状態（少ししか食べていない）のときにのみ、私たちが望む行動を子どもがとるように動機づけるのです。もし子どもがとてもたくさん食べていたなら（飽和状態）、「好物」は子どもを動機づけしません。子どもが1日中何度もお気に入りのものにアクセスできたなら（そして飽和状態に達していたら）、もうそれ以上のアクセスに価値を見い出せないでしょう。対照的に、子どもがそのお気に入りのものに1週間アクセスできなかったなら（遮断）、おそらくそれを手に入れるために一所懸命に働くことをいとわないでしょう。

動機づけの変化の測定：確立操作（Establishing Operation）と無効操作（Abolishing Operation）

比較的最近、EO は特定の行動をとるために人の動機づけを高める事象のみを説明するだけである、と動機づけに関する専門家は指摘しました。そしてまた、特定の行動をとるための人の動機づけを低下させる環境事象を説明する用語も必要だと感じました。その結果、動機づけの分野での指導的な行動分析家が、用語の変更を推奨しました（Laraway, Snycerski, Michael, & Poling, 2001）。新しい用語は、環境の変化が動機づけに及ぼすさまざまな影響を明確にすることを意図しています。したがって、具体的ではない従来の用語MO は、2つの異なる用語に置き換えられました（Laraway, Snycerski, Michael, & Poling, 2003）。新しい用語は、環境の変化が動機づけに及ぼすさまざまな影響を明確にすることを意

図しています。従来の用語は次のように整理されました。[1]

動機づけ操作（MO: Motivating Operation）

　1．確立操作（EO: Establishing Operation）

　2．無効操作（AO: Abolishing Operation）

　《確立操作》または《EO》は、次のような環境の変化を指します。1）特定の時点で人に対してものや事象の価値を高め、2）それにアクセスするために人が行う努力と行動を増やします。たとえば、家の中の温度を下げることは、セーターを入手することの価値を高めます。また、クローゼットに行くなど、かつてセーターを手に入れることができた行動にもつながります。

　対照的に、環境事象が、1）ある時点で人にとってのものや活動の価値を低下させ、2）人がそれを手に入れるために行う努力と行動を減少させる場合、それを《無効操作》または《AO》と呼びます。前の例では、家の中の温度を上げると、セーターを入手することの価値が下がり、人がクローゼットに行ってセーターを手に入れる可能性が低下します。

1　〔訳注〕この個所は、2001年のララウェイらの論文に基づき、原文ではEOをやめて、MOとAOを用いるとしている。しかし、2003年のララウェイらの論文には、「行動分析家は、ある結果事象の効果を減少させるすべての事象を指すためにAOを、ある結果事象の効果を増加させるすべての事象を指すためにEOを、そしてAOとEOの両方を包含する総称用語としてMOを使用することを検討すべきである」とあり、総称でMO、その中に、EOとAOを含めることになったようだ。そこで、グラスバーグは本書の後に出した『自閉症の人の機能的行動アセスメント（FBA）』（第2版、2006）では、次のように記述している。「ララウェイおよびマイケルら（2003）の研究に導かれて... 動機づけ操作あるいはMOは、あるものや事象に対する動機づけを《確立》する（確立操作）、あるいはあるものや事象に対する動機づけを弱める（無効操作）という、人の環境に対する《操作》と考えることができます」と。

作動中の EO と AO

　13歳のアモスの FBA についての話は、EO と AO を理解することがなぜ重要かの例です。

　アモスは最近、どういうわけかますます攻撃的になっていました。具体的には、あざが残るほど教師を強く殴り、ちょっとしたミミズ腫れをつくるほどきつくつねっていたのです。彼の最近の急成長ぶりと、今やほとんどの教師よりも体が大きいという事実を考えると、この攻撃的な行動は特に危険で対処が困難でした。観察、インタビュー、および記述的アセスメントでは、彼の攻撃的行動の機能は明らかになりませんでした。チームは、アモスが攻撃的な行動について何を学習したのかを理解する助けとして、さらにいくつかの体系的な仮説検証セッションが必要であると判断しました。

　まず、アモスの行動が激しいため、チームは5分間の検証セッションを複数回行うことに同意しました。これらのセッションの間、チームは原因と考えられる要因を注意深く制御して、可能性のある機能を一度に1つだけ分離しました。観察、インタビュー、記述的アセスメントに基づいて、以下の仮説を検証しました。

　5分間のセッションが1日に何回かあり、それが2日間続きましたが、アモスは不適切な行動をとりませんでした。チームは、この時間は問題提起行動を引き出すのに十分な長さではないと考えました。つまり、アモスの好みのものや集中的な注意が5分間欠乏状態になっても、望む結果を得るために問題提起行動をとらせることを動機づけることにはなりませんでした。行動分析士なら、その時点での確立操作（EO）は弱すぎたと言うでしょう。このことを検証するために、チームはセッションの長さを15分に延

アモスの攻撃的行動の機能に関する仮説

比較条件（他のテスト条件の対照条件となる）	アモスは、要求することはなくソファーで休んでいる。近くに話をよく聞いてくれるインストラクターがおり、好みのもの/活動に自由にアクセスできる。
分割的注意（アモスが大人からの集中的な注意が得られない場合、アモスは嫌な思いをするか？）	アモスは、要求することはなくソファーで休んでいる。好みのもの/活動に自由にアクセスできるが、2人目の大人がやって来て、アモス専属のインストラクターと雑談する。
アクセスの制限（好きなときに好きなものを手に入れることができないときには、アモスは嫌な思いをするか？）	アモスは、要求することはなく、ソファーで休んでいて、近くに話をよく聞いてくれるインストラクターがいる。アモスのお気に入りのものの1つに短時間アクセスした後、それは視界内にあるが、アモスは触ることを禁止される。

ばしました。その後、非常に興味深いことが起こりました。この対照条件と分割的注意条件では、アモスはまだ問題提起行動はとらず、もっと注意を引こうとすることもありませんでした。しかし、お気に入りのものへのアクセスが、一貫して制限されていたセッション中のデータは、次のようになりました：

■1-5分：問題提起行動やその試みは見られませんでした。

■6-10分：教師を叩こうとしましたが、手の届かない距離だったので成功しませんでした。

■11-15分：アモスは立ち上がって、繰り返し教師を殴ったりつねったりしました。

これらのデータは、アモスの行動に対するEOによる制御を明確に示しています。EOが強くなるにつれて（好みのもの欠乏時間が長くなったため）、アモスは望みのものを得るために、ますます大きな努力をすることをいとわなくなりました。数セッションでこのパターンが見られた後に、教師はアモスの手の届く範囲内に

留まるように求められました。案の定、攻撃は6分後に始まりました。

　このアセスメント・プロセスは、次のことを理解する上で役に立ちました。すなわち、好みのものと活動ついてのEOに応じて、攻撃行動を使ってそれらを要求する方法を、アモスは学習したということです。彼の行動は非常に危険なものになったため、アモスが攻撃的な行動をとる可能性が低くなるように、環境をすぐに変更する必要がありました。つまり、無効操作（AO）を考える必要がありました。この目的のために実施した方法だけが、彼の支援パッケージ全体を構成するものではありませんでした。それを説明するにはもっと時間がかかるでしょう。しかし、無効操作のために実施した方法は、支援計画への最初のステップであり、計画が策定されている間、全員の身の安全に保つための危機管理法でした。

　最初に、アモスは10分ごとに、その間の行動に関係なく、好みのものに自由にアクセスできるようにしました。私たちが行ったアセスメントで分かったことは、このEOの強さではアモスをソファーから立ち上がらせるには十分ではなかったということです。さらに、アモスがこれらのものに1日中10分ごとにアクセスできるようになってからは、その価値は低下したようです。次に、教師たちにアモスの手の届かないところに留まるように依頼しました。私たちのアセスメントから、アモスが攻撃的に行動するためにはもっと努力する（立ち上がるなど）必要がある場合には、教師を殴ろうとする可能性は低いことがわかりました。つまり、これらの方法は、叩くことのAOを作り出すことになり、教師の身の安全を保つことになり、その間に完全な計画を策定できるでしょう。

　この例からわかるように、誰でも、行動せざるを得ないと感じ

るまでは、ある程度の強さの EO にはたいてい耐えられます。通
常、その強さは比較的一定しています。アモスが好みのものを入
手できなかったときに、叩くことを我慢する限界点は約 6 分でした。
この原理の他の例を、あなたはご自身で経験されたかもしれません。
たとえば、集団でいるときに問題提起行動をとる生徒を、多くの
教師は経験しています。通常、生徒は集団内で一定時間は適切に
行動し、その後に問題提起行動を取り始めます。同様に、ダイエッ
トを続けようとしたことがおありなら、この原理を直接体験され
ている可能性があります。あなたは、毎日おおよそ同じ時間はお
やつを食べることを我慢しますが、その後くじけてしまうという
ことがあったかもしれませんね（個人的な話ですが、通常、私はほ
ぼ夕食時まではダイエットが続きます）。問題提起行動を引き起こす
EO の平均的な強さについて、よく考えてみましょう。我慢の《閾
値》ということです。

　また、あなたが関わる児童生徒やクライアントが、「かんしゃ
くを起こしやすい」日があることにも気付くことがあります。た
とえば、朝、生徒の顔を見たら、その日がどんな日になるかがわ
かる、と多くの教師が言います。そう言う教師が気づいているのは、
ある日、ある行動についての閾値が変化していたということです。
問題提起行動を引き出すためには、通常より少な目の欠乏状態や
飽和状態でよいのです。この閾値の変化は、《セッティング事象》
に反応して生じます（Kantor, 1959）。

　セッティング事象は、行動に十分先立って生じ、行動につなが
る EO の閾値を変えるものと考えることができます。行動につな
がる閾値を変えることにより、セッティング事象は行動を多かれ
少なかれ生じやすくします。たとえば、寝不足の場合、子どもは
自分が望むものをいつものようには待てないかもしれません。つ
まり、待つことに対する閾値が低くなります。おそらく私たちは

誰でも、特別な機会に、たとえば花火や兄姉のお泊りパーティで夜更かしをさせて、子どもたちと「限度を超えた」ことがあるでしょう。それから翌日、ワッフルを焼くのに時間がかかりすぎるというだけで、次から次へとかんしゃくを起こさせてしまって、限度を超えたことの代償を払うことになります。睡眠不足が子どもを《短気》にさせたかもしれないということに、すぐに気づきます。同様に、コーヒーにはまっている人が、朝コーヒーを飲まなかったら、そのことが1日中その人の行動を変えるかもしれません。

簡単にまとめると

1. EO（確立操作）は、ある人にとってのある結果の価値を高め、過去にその人がその結果を得ることに導いた行動を引き出す環境変化です。
2. AO（無効操作）は、ある人にとってのある結果の価値を下げる環境変化であり、過去にその結果を得ることに導いた行動を抑える環境変化です。
3. セッティング事象は、特定の行動のかなり前に生じていることがあり、その行動が生起する可能性に影響を与え続けています。

2．先行事象（Antecedent）

学習方程式の次の変数は、行動の直前の事象です。大まかに言えば、先行事象は、行動が生起する直前の環境の変化です。たとえば、《はじめに》に出てきたジャマールは、他児が彼とやり取りしようとするたびに、変な顔をして奇妙な姿勢をとりました。この例では、他児が言ったりしたりすることは、ジャマールの行動の直前の先行事象です。

学習と脱学習に関して重要な先行事象にはさまざまなタイプが

あります。先行事象の１番目のタイプは、ある行動を実行すると望ましい結果が得られるということの手掛かりとして機能し、実際にその行動を引き出します。たとえば、ジャマールは他児を目にすると、奇妙な姿勢をとれば、やりとりを逃れることができる（望ましい結果）ことを学習したので、その奇妙な姿勢をとるのです。このタイプの先行事象の専門用語は、**弁別刺激**またはS^Dです。

　私たちは、行動の変化において脱学習が果たす役割に関心があるので、他の２つのタイプの先行事象が私たちにとって重要です。１つは、ある行動に対する弱化と関連する先行事象です。たとえば、ある教師は、ジャマールの姿勢に対応して、適切なやり取りを繰り返し練習させるかもしれません（つまり、奇妙な姿勢の結果事象として、やり取りを減らすのではなく増やすのです）。もしそうなら、この先生の前では奇妙な姿勢をとる可能性が低くなります。このタイプの先行条件は、**弱化刺激**（punishing stimulus）またはS^Pと呼ばれます。

　望ましい結果または望ましくない結果と環境内の人や物とを関連付けることをまだ学習していないこともあります。これらは、意味のある結果事象と対にすることを学習していない事象です。たとえば、ジャマールは、カモメについて何も学んでいないかもしれず、近くにいるカモメを見ても何ら具体的な行動をとらないかもしれません。問題提起行動に関連しないタイプの刺激を、専門用語で**非強化先行刺激**またはS^Δ（エステルタ）と呼びます。

　人が先行刺激、特定の行動、および特定の結果を一貫して関連付けたときに、３タイプの刺激はそれぞれその人の行動に対する力を獲得します。行動の脱学習の鍵は、これまでずっと生起してきたパターンを打ち破り、その人に新しいより適応的なパターンをもたらすことです。たとえば、ジャマールのクラスの子どもたちには、ジャマールの奇妙な姿勢にハグや友好的なおしゃべりで

応答するよう教えるかもしれません。　そうすると、ジャマールは、自分の奇妙な姿勢を、他児とのやりとりからの逃避と関連付けなくなるでしょう。その結果、他児が近づいて来ても奇妙な姿勢をとらなくなるかもしれません。しかし、この支援はジャマールの行動を変えるには不十分でしょう。なぜなら、他児とのやりとりから逃避することの動機づけには対処しておらず、やりとりから抜け出すための適切な手段も教えていないからです。したがって、ジャマールは新しい（しかし必ずしも望ましいとは限らない）逃避手段を見出す可能性が高いでしょう。

> **簡単にまとめると**
>
> 先行事象は、行動の直前に生じる事象です。3つのタイプがあります。
> 1. 特定の行動が強化されることの合図となる先行事象、すなわち弁別刺激（S^D）。
> 2. 特定の行動が弱化されることの合図となる先行事象、すなわち弱化刺激（S^P）；
> 3. 過去に、行動と強化または弱化とを一貫して対にしてこなかった先行事象、すなわち非強化先行刺激（S^Δ）

3．行動（Behavior）

　人がしていることならなんでも行動です。たとえば、デザートを食べすぎたり、頭突きをしたりなどです。それらは私たちが減らしたくて問題にしている行動です。しかし、必要な行動や有用な行動も無数にあります。たとえば運動することや欲しいものを要求することなどです。FBA の結果を用いて問提起題行動への支援を策定する場合、支援計画の一部として《代替》行動の指導を必ず含めます。代替行動は、標的となる問題提起行動と同じ目

的を果たす適応行動です。言い換えると、代替行動は、その人の
ニーズを満たすための適切な方法を提供します。

　行動分析士は、《フェア・ペア・ルール》[2]を用いて、分別ある
支援を開発することに努めます（White & Haring, 1980）。フェア・
ペア・ルールは、減らそうとしているすべての行動に対して、そ
れぞれ別の行動を増やすことを目指さなければならないとの言明
です。通常、増加を目指す行動は、代替スキルです。代替スキル
を選択し、代替行動が問題提起行動よりも効率的になるように環
境を調整すると、問題提起行動を廃れさせることができます。第
4章では、効果的な代替行動の特定と、それを確実に成功に導く
具体的な方法について説明します。

> ## 簡単にまとめると
> ■行動とは、人が行うことのすべてです。
> ■代替行動は、問題提起行動と同じ機能を果たしますが、もっと適
> 　切な行動です。

4．結果事象（Consequence）

　結果事象は、行動の結果として生じる物事です。一般に、結果
事象は次のようになります。

　1．強化、または
　2．弱化

2　〔訳注〕White と Haring の「フェア・ペア・ルール」（1980）は、実践家は「削
　減の対象となる行動一つ一つに対して、増加させるべき代替行動を1つあるいは複
　数選択するべきである」というものです。

強化（Reinforcement）

　強化とは、将来行動が生起する可能性を高めることによって、あるいは将来的にその強度または持続期間を増大させることによって、行動を《強める》結果事象です。強化の例としては、「そのドレスは似合っているね」と娘に言うと、そのドレスを頻繁に着るようになるとか、部屋を掃除したので子どもに50円玉を与えると、毎日掃除するようになるなどがあります。

　強化手順のタイプには2つあります。すなわち、正の強化と負の強化です。正の強化（positive reinforcement）は、ある行動に応じて当人の環境に何かを追加することにより、その行動を強めることです。例えば、《はじめに》で紹介した事例では、頭突きへの結果として、ビーズがアンソニーの環境に追加されました。負の強化（negative reinforcement）は、ある行動に応じて当人の環境から何かを除去することにより、その行動を強めることです。例えば、奇妙な姿勢をとることの結果として、ジャマールは他児とのやりとりから逃避しました（他児を除去しました）。

　ある結果事象が強化子であるかどうかを判断する唯一の方法は、行動への影響を測定することです。その結果事象が行動を増大させるなら、それは強化子です。その結果事象が行動を減少させるか、行動に影響を与えない場合は、強化子ではありません。強化子は必ずしも部外者に魅力的に見えるとは限りませんが、それが行動を強めるなら、それは間違いなく強化子です。

強化を使用して行動を脱学習させる

　行動の脱学習を助けるために強化を使用する方法としては、一般に3つの方法があります。あなたはこれらの方法のうちの1つ

あるいは2つ3つ使うことができます。それぞれの簡単な説明を
以下に示します。その詳細は第5章に譲ります。

1. 問題提起行動の強化を停止する　以前に強化されていた行
動が、強化に至ることがなくなると、その行動は《消去》さ
れます。つまり、当人の行動レパートリーから、その行動が
徐々に消えていきます。しかし場合によっては、《消去バー
スト》が見られることがあります。これは、行動が消滅する
前に、行動の頻度または強度が突然増大することです。また、
関連する行動が突然増大することもあります。たとえば、家
の電話の受話器を取りますが、発信音（期待される強化子）が
聞こえないという場合を想像してみてください。最初の行動
は、電話を切ってもう一度試すことかもしれませんが、手あ
たり次第ボタンを押したり、電話線をチェックしたり、電話
を叩いたり、叩きつけたり、何度も電話を取ったり切ったり
するかもしれません。これらの行動は、《消去バースト》の
特徴です。しかし最終的には、電話を諦め、電話から立ち去
るでしょう。その時点で、あなたの電話のチェック行動は消
去されたということです。

2. 代替スキルを分化強化する　上記の消去バーストの例は、
誰にとっても有害でも危険でもありません。しかし、あなた
がこの本を読むきっかけとなった行動は、有害あるいは危険
かもしれません。たとえば、アンソニーが頭を窓にぶつける
なら、それだけで危険すぎて耐えられません。確かに、アン
ソニーが頭突きで要求するビーズを与えることは、私たちは
簡単には止められませんでした。つまり、行動がまずエスカ
レートする可能性があることを考えると、頭突きに対して消

去を使うことはできませんでした。

　消去するには危険すぎる行動については、実際にはその行動を強化し続けることになります。これは、瞬間的にはその行動を止める唯一の方法かもしれません。しかし、最低レベルの強化だけが機能するようにします。対照的に、適切な代替行動には、高レベルの強化子を与えます。これで、問題提起行動よりも代替行動の実行の方が魅力的になるはずです。たとえば、アンソニーが頭突きをしたら、ビーズを5個か6個与えて遊ばせます。他方、彼が絵カードでビーズを要求したら、何百もの派手な色のビーズを大きな箱ごと与えるのです。

3．強化子を非随伴的に与える　強化子として機能するためには、特定の行動に随伴して（一意的な結果事象として）望ましい結果事象が生じる必要があります。随伴しないと、問題提起行動と強化的な結果事象との関係は崩れます。たとえば、仕事以外のことで給料をもらえると、たまには仕事をサボるかもしれません。

　幼い子どもの親がよく使う、一般的だが見当違いの方法は、別の良い例です。幼い子どもは、自分の望むものを要求するために叫ぶことがあります。親は、もっと適切な行動を教えるつもりで、「頼むときは優しい声でね」のようなことをよく言います。子どもが優しい声で要求を繰り返すと、親は望みのもの（強化子）を渡します。しかし、子どもが初めて同じ要求を適切に行った場合、親は子どもが望んでいるものを与えないかもしれないのです。優しい声の使い方を教える親の善意の計画の一部としてのみ強化が行われるのです。　しかし、随伴性はどうなっているのでしょうか？

　　a.　上手に頼んで、強化子はなし。

　　b.　最初に叫び声を上げ、上手に頼むようにプロンプトされ、

　　　　上手に頼んだら、強化子がもらえる。

　叫び、促され、それから上手に頼むという《鎖》または行動連鎖に、強化が随伴しているということを、子どもは学習しました。要求していないのに子どもに望みのものを与えることもあれば、初めて上手に頼んだことに応じて望みのものを与えることもあり、また時には最初に叫び声を上げた後に強化子を与えることもあるということにすれば、この随伴性を崩すことができます。叫び声を上げることと強化子を取得することとの間の随伴性を断つことにより、叫び声は不要になり、子どもの《まず叫ぶ》という行動は脱学習されるのです。

弱化

　行動に続く可能性のある2つ目のタイプの結果は、弱化です。弱化子は、行動の強さ（今後の確率や強度、持続時間）を低下させる結果事象です。弱化子の例としては、あなたが一所懸命に作った料理を、夕食に招いた客が、煮え切らない口調で「おいしい」と言ったような場合です。あなたがその料理を今後再び作る確率はきっと低下します。

　強化と同様に、弱化は行動への影響によって定義します。ある人にとって魅力的なものが、別の人にとっては弱化子となることがあります。そのよくある例は、10代の女の子の行為を皆の前で称賛する場合です。年少の子どもの多くは、皆の前で賞賛されることをとても喜びますが、このような賞賛を、10代の若者は誇らしいと思うよりも恥ずかしいと思うかもしれません。このことにより、今後、この10代の若者が賞賛に値する行動を繰り返す可

能性は低下するかもしれません。

　強化と同様に、弱化には正と負があります。正の弱化では、行動を弱める何か（たとえば、煮え切らない誉め言葉）が環境に追加されます。負の弱化では、環境から何かが取り除かれ、行動が減少します。たとえば、グループ・ホームのルールを破った結果として、入所者から特権を取り上げると、ルールを破るという行動が今後は少なくなる可能性があります。

　その名の示す通り、弱化は反応を弱めたり、脱学習させたりします。何かを弱化だと思っても、もし弱化しようとしている行動が変わらない場合、それは弱化ではありません。たとえば、10代の子の帰宅が遅すぎたので「一時外出禁止」にしましたが、次の外出でも再び帰宅が遅かったら、一時外出禁止は実は弱化子にはなっていません。

　行動計画に弱化の要素を含めると、行動計画の効果が高まる傾向があります（Lerman & Vondran, 2002）。たとえば、ある研究によると、適切な代替コミュニケーション手段を教えるだけのFBAベースの計画よりも、この支援計画に弱化の要素も加えた方が効果的でした（Hanley, Piazza, Fisher & Maglieri, 2005）。しかし、弱化の要素を行動計画に組み込むかどうかを決定する際、および適切な弱化を選択する際には、教育的および倫理的検討課題が少なくありません。この意思決定プロセスの舵取りをするための指針は、第5章で説明します。

簡単にまとめると

1．強化子は行動を強める（増加させる）
2．弱化子は行動を弱める（減少させる）。
3．《正の》という用語は、環境に何かが加えられることを意味する。
4．《負の》という用語は、環境から何かが除かれることを意味する。

結果事象に基づく手法

	強化	弱化
正の	何かを加えて行動を強める	何かを加えて行動を弱める
負の	何かを除いて行動を強める	何かを除いて行動を弱める

4つの脱学習変数をまとめる

　学習が生起するためには、4つの変数すべて——動機づけ・先行事象・行動・結果事象——が、準備万端整っていなければなりません。したがって、脱学習は、変数のいずれかを妨げることによって生起させることができ、妨げられる変数が増えるほど、脱学習が生起する可能性は高くなります。たとえば、欲しいものを手に入れるために攻撃的になる、前述のアモスの例（p.34）を考えてみましょう。以下は、4つの変数のそれぞれをどう妨げると、攻撃行動が脱学習されるかの例です。

　1．動機づけを妨げる：欲しいものについての確立操作（EO）がなくなれば、アモスは先生を攻撃しないでしょう。これは、アモスがお気に入りのもので遊んだばかりの状態でしょう。

　2．先行事象を妨げる：アモスが叩く場合、欲しいものをアモスに与える唯一の人が父親であり、その父親がいないと、それを獲得する動機づけがあってもアモスは叩きません。

　3．行動を妨げる：欲しいものを獲得する動機づけがアモスにあり、父親もいる場合でも、アモスが別の行動をとった時に父親がそれを与えているなら、アモスは叩きません。

　4．結果事象を妨げる：欲しいものについてのEOがあり、父親がそこにいる場合、叩いてもモノを与えなければ、アモスは叩きません。

これらの各変数を妨げるために使用する方法の詳細については、第3章から第5章を参照してください。

第3章　問題提起行動に打ち勝つ

先行支援で行動を減少させる

問題提起行動が発生する前でも、学習過程の主要な部分が生じることに、前の章で読者は気づかれたでしょう。学習過程のこの前半に基づく行動支援計画は、先行支援と言います。この方法が変えるのは、

1. 問題提起行動への動機づけに影響を及ぼす《動機づけ変数》
2. EO が弱い場合（動機づけが低い場合）でも、問題提起行動を生起しやすくする《セッティング事象》
3. 特定の状況下で問題提起行動が本人の望むものを得させる可能性があるかどうかの合図となる《弁別変数》（S^D、S^P、および $S^Δ$）。

先行支援の利点

行動支援の方法を選択するとき、先行支援には特別な魅力があります。1つの理由は、先行支援を用いる場合、これまでに大混乱を引き起こしてきた問題提起行動に対応しなくてもよいということです。そもそも行動が起こらないようにすることを目的として、

先行支援を実施するからです。この種の方法は、本人自身だけで
なく、周りの人々にとっても、平穏で快適なものです。機能アセ
スメントのデータを使うことで、本人の環境に具体的な変化を導
入して、生活の質を向上させることができます。これにより、問
題提起行動をコミュニケーション手段として使用する必要が少な
くなります。この原理は、ポジティブ行動支援（Positive Behavior
Support）（Carr, Horner, et al., 1999）の中心をなすもので、このポ
ジティブ行動支援は、問題提起行動から学んだことを、本人の世
界をより良くするために用いることを目的としています。

　問題提起行動を予防することには、いくつかの利点があります。
まず、問題提起行動を起こしていなければ、破壊や怪我などの被
害はありません。先行事象が整っている間は、破壊的な行動は生
起しないため、損傷は発生しません。先行支援を用いることのさ
らなる利点は、本人が問題提起行動を実行していないことです。
学習過程についての知見からわかるように、特定の行動を実行す
ることが多ければ多いほど、その行動が強化される可能性が高く
なります。そうなると、問題提起行動が将来生起する可能性が高
くなります。 先行支援は、このリスクを回避します。

先行支援を用いることのデメリット

　先行支援を用いることには、1つ重大なデメリットもあります。
先行支援は、問題提起行動を起こす人の動機づけや手がかりを取
り除くことで機能するため、その動機づけや手がかりが存在する
状況では、どう行動することが適切なのかを学習することがない
のです。

　たとえば、授業中に嫌味を言う自閉症の生徒であるブランドン
の事例を考えてみましょう。FBAにより、この行動には教師の

注意を引く機能があること、そしてブランドンは、発言を求められなくても、約15分間は嫌味を言わずに授業を受けることができることが分かったとしましょう。さらに、嫌味な発言を無視する教師と、嫌味な発言に反応して彼を叱る教師とを、ブランドンは弁別できるとしましょう。EO を標的とする先行支援として、ブランドンが課題に取り組んでいれば、教師は 10 分ごとに彼に注意を向けることが考えられます。この先行支援は確かに嫌味な発言を予防するでしょうが、必然的に注意を求めたいときには何をすべきかをブランドンに教えていません。

　この種の先行支援は短期的には必要なステップかもしれませんが（たとえば、クラスの混乱を減らし、この自閉症の生徒への非難を最小限に抑えるために）、長期的には十分な支援とはならないかもしれません。最終的には、注意に関するニーズを満たす方法を、この生徒に教える責任が、彼の教育チームにはあります。

　先行支援を無期限に実施することが適切な場合があります。たとえば、グループホームで自閉症の成人が退屈で反復的な作業から逃れるために破壊的な行動をとるという、よくある事例を考えてみましょう。 この人の環境を、刺激的で生産的な課題で豊かにすることに基づく永続的な支援は、倫理的で、合理的で、適切な選択です。

EO と AO の変更

　確立操作（EO）と無効操作（AO）の変更に基づく行動支援計画を作成するには、その問題提起行動の EO を知る必要があります。つまり、人が特定のものや活動に価値を見出し、それを手に入れるために努力するようになる環境では、何が起こっているのでしょうか？ また、問題提起行動の開始に関する EO の閾値を知る必

要もあります。すなわち、その人は望みのものや活動が手に入らないことにどれだけ長く耐えられるのでしょうか？ 次に、EOがその閾値に到達しないようにするための方法を選択します。

　以下の手順は、EOとAOの変更に関する一般的なガイドです。各ステップについての指示の下には、例がイタリックで書いてあります。

ステップ1

　最初のステップは、児童生徒の行動のEOを特定することです。具体的に。これはFBAの結果を用いて明らかにすることができます。 例：

　　　グレイスは、他児からの注意注目に関するEOに反応して
　　　他児を身体攻撃します。

ステップ2

　2番目のステップは、EOの閾値を特定することです。この情報を収集するには、観察を追加する必要があるかもしれません。たとえば、次のようになります。

■問題提起行動までの潜時を測りましょう。潜時は、活動開始後、問題提起行動が始まるまでの経過時間です。例えば、グループ学習中に問題提起行動をとる生徒の場合、グループ学習の開始から問題提起行動の開始までの時間を記録します。これが問題提起行動の潜時です。それにより、問題提起行動を引き起こすグループ学習について、その生徒がどれだけの時間耐えられるかがわかります。

■問題提起行動に先行する要求の数を数えましょう。たとえば、

授業中に問題提起行動が出る傾向のある生徒の場合、問題提起行動が始まるまでに応じられる指示の数を数えます。これは、生徒がどれだけの課題に耐えられるかを示すものです。

■問題提起行動が生じるまでに、課題に取り組む際に失敗した試行の数を数えましょう。たとえば、難しい課題に取り組んでいると問題提起行動をとる生徒もいます。問題提起行動が始まるまでに、何かを試みての失敗やエラーの数を数えます。これは課題関連の欲求不満に、生徒がどれだけ耐えられるかを示すものです。例：

グレイスは、他児を攻撃するまでに、他児への働きかけを強化されなかったことが、平均5回あった。

ステップ3

次に、以下のメニューから支援方法を選択してEOを変更します。

A. 本人の閾値の75％を計算しましょう。問題提起行動が生じるまでの、潜時、要求数、失敗した試行数に関して、閾値が測定されているかどうか。次に、問題提起行動の閾値に達しないように、75％レベルで本人の求める強化子を提供しましょう。75％が2つの数値の間にある場合は、低い方の数値で強化子を提供します（つまり、潜時は短く、試行回数は少なくなります）。例：

グレイスが他児に3回働きかけたら、他児はグレイスに応答するようにプロンプトされます（試行の閾値5回の75％は3と4の間にあたるため、3を選択した）。

B. 非随伴性スケジュールで強化子を提供しましょう。つまり、問題提起行動をとっているかどうかに関係なく、定期的に

望みの強化子を与えます。例：

5分ごとに，他児との交流を構造化してグレイスに提供
します。

C. 競合する EO を提示します。言い換えれば，問題提起行動
につながる動機づけと同等かそれ以上に，本人が望みそう
な別の何かを見つけましょう。本人にとって強化子となる
活動やものをいくつか見つけましょう。そのうちの1つま
たは複数を代替強化子として使えるようにしておき，問題
提起行動を起こしそうな場合に使いましょう。例：

反応してくれなさそうな子どものそばにグレイスがいる
ときは，別の部屋でグレイスにお気に入りのおやつを与
えましょう。

ステップ4

4番目のステップは，ベースライン・データを収集することで
す。ベースラインは，支援が始まる前の行動を測定することです。
これは，支援を行わなかったら，問題提起行動に関して何が起こ
るかを示します。ベースライン・データの特徴は次のとおりです。

■レベル（その問題提起行動は，支援を正当化するのに十分なほど頻
　繁，あるいは激しいですか？）
■傾向（その問題提起行動は増加していますか，それとも減少してい
　ますか？）
■変動性（その問題提起行動は毎日変化しますか，それとも一貫して
　生じますか？）

　ベースライン・データについての詳細は、第8章を参照してください。問題提起行動のタイプに最適なものに基づいて、適切な測定単位（頻度、潜時、強度など）を選択しましょう。

A. 問題提起行動を観察して測定しましょう。チーム・メンバー全員が、必ず測定方法を理解していること。

B. 安定したレベルと傾向を確定できるまで、この方法で問題提起行動を観察し測定し続けましょう。

ステップ5

　最後のステップは、支援方法の実行です。ベースラインで収集したデータと同じタイプのデータを引き続き取りましょう。これは、支援パッケージの一部として、または一度に1ステップずつ実行できます。グラフのフェイズ変更線を使って、ベースライン

図3　支援における変更の表示の仕方

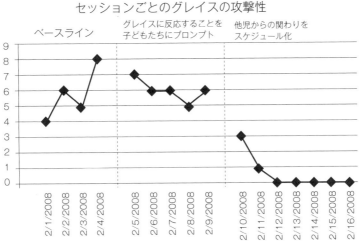

から支援に移行する時点を示します。支援に複数のステップが含まれる場合は、各ステップが支援計画に追加されるときに、グラフにフェイズ変更線を記入します。言い換えると、支援における各変化は、グラフ上の別々のフェイズで表す必要があります（図3を参照）。

弁別変数の変更

　問題提起行動を取ることの動機づけ要因を変更することに加えて、問題提起行動を取る可能性を高める条件を変更することもできます。つまり、弁別変数の変更に基づいて行動支援計画を作成することができます。次のいずれかを変更できます。すなわち、1) 問題提起行動を取ることの合図となる弁別刺激（S^D）、または2) 問題提起行動をやめさせる弱化刺激（S^P）です。

　この種の行動支援計画を策定するためには、問題提起行動のS^DとS^Pを知る必要があります。計画に組み込む一般的な方法は、S^Dを除去するか、S^Dの意味を変更することです。以下の手順は、S^Dの一般的な変更過程をガイドすることを目的としています。ここでも、各手順の説明の下に、その例をイタリックで書きます。

ステップ1：FBAで集めた情報を使って、問題提起行動のS^DとS^Pを特定します。どのような条件下で問題提起行動が常に生起し、どのような条件下ではそれが生起しないかを検討しましょう。特定の人が存在しているのでしょうか？　特定のモノが存在しているのでしょうか？　存在する人の数が多い場合、または少ない場合に、問題提起行動が生起しますか？　特定の課題中に生起しますか？　それは人前で、あるいは一人の時に生起しますか？　例：

　　グレイスは、体の大きさが彼女と同じかそれ以下の子ども

を噛みます。そのような子どもの存在が S^D として機能します。

ステップ2：次のメニューから支援方法を選択して S^D を変更しましょう。

1. S^D を除去しましょう。特定の行動に対して強化を受けることができるという合図に接していない場合、その人はその行動を取りません。

　　噛みつきが他の方法でコントロールされるまで、1対1 の設定でグレイスを教えます（あるいは、可能であれば、特定の科目に関しては、年長で体の大きな子どもと一緒に教室で過ごさせて、グループ学習の経験を継続できるようにすることもできます）。

2. 問題提起行動を取ったことで受けとってきた結果から刺激を切り離して、S^D の意味を変えましょう。これは、a）元の刺激は同じままにして、問題提起行動によって受け取る結果を変更し、または b）元の刺激に対して別の（より適切な）行動を取った時に、望ましい結果を提示することによって、あるいは a）と b）の両方を行うことで達成できます。

　　グレイスのクラスメートには、a）グレイスが攻撃的になった場合には、怒鳴ったり、仕返しをしたりするのではなく、グレイスを無視し、b）グレイスが適切に関わってきたら、しっかり応じるよう指示します。

ステップ3：支援方法を実行しましょう。ベースラインで収集したのと同じタイプのデータを引き続き収集しましょう。これは、パッケージの一部として、または一度に1ステップずつ実行します。

図3のように、グラフのフェイズ変化線を使用して、ベースラインから支援へのシフト、および支援の各要素の追加を示します。

重要なセッティング事象への対処

　第2章で説明したように、一部の問題提起行動は、行動が生起するずっと前に生じている事象（セッティング事象）の影響を受けています。問題提起行動を取るときとは違う状況にいたり、違う人たちと一緒にいたりする場合でも、問題提起行動を起こしやすくするセッティング事象が存在する可能性があります。

　セッティング事象は、本人の外部で生じる場合もあります。たとえば、グループホームで生活中のある自閉症成人のルームメイトが、早朝に大声で繰り返しうめき声を上げるという場合や、アスペルガー障害の学齢期の子どもの両親が、朝に喧嘩をするという場合です。あるいは、セッティング事象は、アレルギー発作や睡眠不足など、本人の内部的なものである場合もあります。セッティング事象が問題提起行動につながる可能性を最小限に抑えることは、行動計画の重要な部分となることはよくあります。

ステップ1：問題提起行動に影響を与えるセッティング事象を特定しましょう。この情報はすでにFBAの結果から得ているかもしれません。そうでなければ、さらにアセスメントを行う必要があるでしょう。それには、付録Aの《セッティング事象チェックリスト》が役に立つかもしれません。FBAの実施期間中に、または行動支援計画作成過程中でのパターン確定までに、自閉症の児童生徒を担当する各支援者に記入してもらいましょう。問題提起行動に先立つ24時間以内に、セッティング事象が発生したかどうかを、行動グラフに記入しましょう（図4を参照）。

図4　セッティング事象の影響を示すグラフ

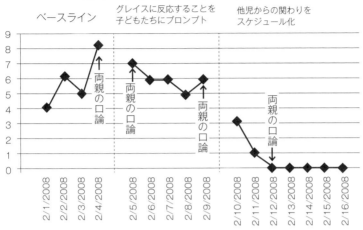

セッションごとのグレイスの攻撃性

セッティング事象が特定されたら、セッティング事象が影響していることを他の支援者たちに知ってもらうために、引き続きチェックリストに記入しましょう。たとえば、ある子どもに、睡眠不足の翌日はバタバタするエピソードが多くなる傾向がある場合、その子がチェックリストを持って朝に登校すると、睡眠不足に関して教師は注意を喚起されます。これにより、教師は、身体的負担の少ない活動、または全般的に労力を必要としない活動を提供することにより、睡眠不足に関連する問題提起行動を予防する機会が得られます。グレイスのセッティング事象の例：

　　　グレイスは、両親が朝に喧嘩をしているのを目撃した場合、
　　　他児に2回関わっても強化されないと、他児を身体的に攻
　　　撃する可能性があります。

ステップ2：セッティング事象の影響を改善するために、次のメニューから支援方法を選択しましょう。

A. セッティング事象を回避しましょう。

　　グレイスの両親に、グレイスがいるところでは喧嘩しない
　　よう依頼しましょう。

B. セッティング事象が発生したことがわかっている場合は、
　　本人に求めることを調整します。この方法を効果的に使用す
　　るには、引き続きセッティング事象のチェックリストに記入
　　し、教師、保護者などと情報を共有する必要があります。

　　グレイスがいるところで両親が喧嘩した場合は、グレイス
　　がクラスメートと適切なやり取りを開始するよう手助けし、
　　それに応答することをクラスメートにプロンプトします。

ステップ３：この支援を実行しましょう。ベースラインで収集し
たのと同じタイプのデータを引き続き収集しましょう。図３に示
すように、グラフのフェイズ変化線を使用して、ベースラインか
ら支援へのシフト、および支援の各要素の追加を示します。

簡単にまとめると

１．先行支援は、そもそも問題提起行動の生起を予防します。
２．この方法を使うために、次のことを検討しましょう。
　■問題提起行動の動機づけ（ＥＯとＡＯ）の変更
　■問題提起行動を取ることの合図（弁別変数）の変更
　■問題提起行動を生起しやすくするセッティング事象への対処

第4章

代わりに何ができるか？

問題提起行動の代替スキルを教える

　脱学習プロセスを再検討する中でわかったことは、ある行動の除去に関する重要な要素は、その代わりとなる別の行動を教えることだということです。FBAプロセスの核心は、問題提起行動が生じるには何か理由があるということを理解することです。問題提起行動は、本人が必要としていることを、私たちにコミュニケートしているのです。問題提起行動が何をコミュニケートしているのかが理解できたら、もっと良いやり方で本人をエンパワーする代替スキルを用いて、同じ結果を出すことを教えなければなりません。では、望ましくない行動ではなく、本人のニーズを満たすために私たちが選択した代替行動を、本人が確実に使用できるようにするにはどうしたらよいのでしょうか？

代替行動が使用されるかどうかに影響する要因

　このセクションでは、代替行動を選択する際に留意すべき、いくつかの一般的な考慮事項について説明し、本人が実際に使用するスキルを選択する方法について説明します。そして第6章で、

代替行動を問題提起行動の機能に一致させる方法について詳しく説明します。

行動はどれくらいの頻度で強化されるか

同じ目的を達成する複数の手段の中から、生物はどのように選択するのかを明らかにするために、心理学者のHerrnstein（1970）は動物で研究しました。この研究で明らかになったことは、動物が特定の行動を選択する頻度は、その行動からの強化率次第だということです。その後、同様の研究が人間を対象に行われ（例えば、Romanowich, Bourret, & Vollmer, 2007）、人間の場合も最も多くの強化子をもたらす行動を取る可能性が高いことがわかりました。あなたは、おそらく日々の経験の中で、このことを見たことがあるでしょう。たとえば、駄々をこねても、お母さんやお父さんがキャンディーをくれる可能性はとても低いけど、お手伝いをすればキャンディーをくれる可能性は非常に高いことを、子どもは経験から学習するということです。もしキャンディーが欲しいときは常にそうなるなら、キャンディーが欲しくなると、駄々をこねるという行動の生起率は下がり、お手伝いという行動の生起率は上がります。お手伝い行動は、駄々こね行動よりも豊かな強化スケジュール（つまり、もっと強化子をもらえる）に結びついているため、駄々こね行動に取って代わります。

行動はどれくらい迅速に強化されるか

代替行動を選択するかどうかに影響を与える強化のもう1つの側面は、代替行動を取ってから報酬となる反応が返ってくるのに要する時間です。他のことはすべて同等な場合、行動の強化を早

く受ければ受けるほど、その行動を選択する可能性は高くなります。

　たとえば、給与も業務内容も同じ2つの仕事についての選択を考えてみましょう。1つの仕事では給与は隔週払いですが、もう1つの仕事では給与は1年後に支払われるとしましょう。ほとんどの人は、給与を早くもらえる方を選択するでしょう。この例で、自閉症の人の多くが、問題提起行動を取る理由を説明しやすくなります。「きしむ車輪」は油を差してもらえるとよく言われます。言い換えれば、子どもは適切に要求しても、要求したモノを数分間待たされることはよくあります。対照的に、大声で要求して授業を中断させる生徒は、すぐに対応してもらえやすいのです。後者の生徒は、すぐに給料をもらえる方を選択していることになります。

　問題提起行動の代替スキルを選択するときは、即時強化できるスキルを選択し、確実に即時強化できるように環境を整えなければなりません。たとえば、前述の叫び声を上げる生徒は、適切な要求の仕方を教えるだけでなく（生徒はすでに知っているかもしれません）、適切な要求行動は叫び声による要求よりも速やかに強化されることも教えなければなりません。欲しいものを手に入れる方法としては最も効率的なので、問題提起行動を取るのだということを忘れないでください。この点を明確にするのにアナロジーが役に立つかもしれません。マーチ・マッドネス・バスケットボール・トーナメントの放送中に、私の夫の注意を引きたいと思ったら、まず「あのね」と声をかけるかもしれませんが、それではすぐに十分な注意は引けないでしょう。そこで、私は、テレビの前に立ちはだかったり、テレビの電源を切ったりするかもしれません。そうすれば、夫はすぐに私に話しかけることでしょう。彼の発言内容は無礼な質のものかもしれませんが、私が純粋に注意に

よって動機づけられているのであれば、夫からの注意の質は私にとって重要ではないでしょう。むしろ、強力な注意なら何であれ、私の《問題提起》行動を強化することになるでしょう。

　生徒たちに関わるとき、もっとしてほしい行動を奨励し、してほしくない行動を奨励しないために、この即時性の原理が使えます。たとえば、教師の注意を引きたいという理由で、授業中に生徒が大声で先生を呼ぶ場合なら、その生徒が挙手をしたらすぐに生徒に発言を求めるとよいでしょう。そのうちに、生徒が挙手をすることが多くなり、大声で呼ぶことがとても少なくなったら、先生からの注意注目を待つことを教えていきます。同様に、勉強から逃れるために備品を破壊する生徒の場合は、要求すれば休憩できることを教えることができます。この場合も、別の支援として、休憩要求の動機づけ、および休憩を待つ能力に取り組むことができます。そのうちに、備品の破壊は防止され、適切な休憩要求が強化されます。

　すべての要求をすぐに強化できるわけではありません。たとえば、子どもが特定の店でしか入手できない特定の種類のアイスクリーム・デザートを望んでいて、最も近い店が70km離れている場合、当然その子の要求をすぐに強化することはできません。しかし、このような場合、子どもが問題提起行動によってデザートを《要求》したとしても、やはりデザートはすぐには手に入りません。したがって、その問題提起行動を最初に学習したのは、強化の即時性によってではありません。したがってこの場合、強化の即時性を支援計画に入れる必要はありません。

　長期的に取り組んで、代替行動と強化の間の時間遅延を、普段の長さまで計画的に延ばしていくことができます。しかし、それができるのは、本人が代替行動を確実に使っており、支援の他の項目（即時強化されることの合図や手がかりが分かり、望みのものへの

アクセスがスケジュール化されており、待つスキルの指導プログラムが実施されていること）が実行されているときに限られます。

行動はどの程度強化されるか

　強化子の量と質は、人がどの行動を選択するかにも影響を及ぼします。ある行動を取ると、他の点ではまったく同じでも、強化がより多く、またはより質が高い場合、人はその行動を選択します。たとえば、Hoch ら（2002）の研究によると、通常は一人で遊ぶことを好む自閉症の子どもに、より素敵なおもちゃでより長い時間遊ぶ機会が得られるようにして、一人で遊ぶよりもクラスメートや兄弟姉妹と遊ぶ方を選択することを教えることができました。代替行動を選択するときは、問題提起行動に対して受けた強化に匹敵する量と質の強化につながるような代替行動にしなくてはいけません。たとえば、問題提起行動が高強度の叱咤激励につながっているなら、代替行動につながる注意注目も高強度で激励的でなければなりません。「よくできました」とサラっと言うだけではうまくいかないでしょう。そうではなく、元気よく「うわあ！すごいねえ！」と言い、同時にハイタッチや小躍りすると、より効果的かもしれません。同様に、クラスメートを殴れば、教室で要求される勉強から逃れて、校長室で1時間過ごすことができるなら、適切な休憩要求に対してわずか5分間の休憩で応じてもうまくはいかないでしょう。そうではなく、適切な行動の強化子は、問題提起行動の強化子に匹敵するものでなければなりません。

行動を実行するために必要な努力

　代替行動を選択する際に考慮すべき最後の変数は、代替行動を

実行するために必要な努力と、それを実行することで受け取る強化との間のバランスです。Tustin（1994）は、これを《行動経済学》と表現しました。つまり、人は、別々の《製品》には別々の《代価》、つまり努力を払います。しかし、努力以外の点ではまったく同じなら、最小限の努力ですむ行動を人は選択するものです。したがって、代替スキルに必要な努力が少ないほど、問題提起行動の代わりにその代替行動を使う可能性が大きくなります。

　通常、自閉症の人は問題提起行動がかなり得意です。その問題提起行動については、幸か不幸か十分に練習を積んでおり、簡単にできるので自分で選択します。要するに、問題提起行動は、ほとんど努力を必要としないので、それに競り勝つのはなかなか難しいのです。

　しかし、計画的に取り組めば、問題提起行動よりも努力が少なくてすむ代替行動を特定できます。たとえば、要求されたことからの回避機能をもつ問題提起行動の場合、必要な努力が少なくかつ効果が大きい代替行動として、生徒の机に大きな休憩カードを置き、それをタップして休憩を要求することを教えます。あるいは、問題提起行動を取ることで何かを要求する自閉症の成人の場合、拡大コミュニケーション・システムを、ストラップで身に着けさせるだけの簡単な支援をすれば、起き上がってそれを取ってくる努力が必要ないため、何かを要求したいときはそのシステムを使うことになるでしょう。

　代替スキルを教えるときは、流暢さを習得させるために、精密教授（precision teaching）を使うことが常に推奨されます（West, Young, & Spooner, 1990）。精密教授は、スキルを実行する際のスピードと正確さの構築に重点を置いており、成功を確実に継続させるために、本人への要求を徐々に計画的に高めていきます。本人にとって行動が流暢であればあるほど、必要な努力は少なくな

ります。予防の観点からは、すべてのスキルを流暢に使えるよう
教えて、不適切な代償行動を発展させるのを防ぐために、簡単で
適切な行動のレパートリーを確実に使えるようにすることがベス
トです。

強化に基づく支援策の選択

　人の行動の選択に影響を与える上記の変数からわかるように、
問題提起行動を見るとき、学習方程式の各要素を完全に分離する
ことは不可能です。特に強化は、自閉スペクトラム障害の人が選
択する行動と密接に関連しています。
　児童生徒が問題提起行動を代替スキルで置き換えることを容易
にするような、強化に基づく支援策が３つあります。

　１．代替行動の分化強化（DRA: Differential Reinforcement of Al-
　　　ternative behavior）

　２．非両立行動の分化強化（DRI: Differential Reinforcement of
　　　Incompatible behavior）

　３．高頻度行動の分化強化（DRH: Differential Reinforcement of
　　　High Rates of Behavior）

　これらの方法はすべて、《分化》強化に頼っています。つまり、
問題提起行動と適切な行動は、それぞれ異なるレベルの強化を受
けるのです。代替スキルを強めるために、代替スキルは問題提起
行動よりも多くの強化に確実につながるようにします。これらの
方法を用いる場合、問題提起行動の消去について正式な計画を立
てる必要がないことに注意してください。問題提起行動をまった
く強化しないか、消去バーストを防ぐために少しだけ強化するか
を選択できます（第５章で説明するように）。代替スキルが問題提

起行動よりも大きな強化につながる限り、代替行動が問題提起行動に置き換わるでしょう。

代替行動の分化強化（DRA）

代替行動分化強化（DRA）では、問題提起行動がコミュニケートするメッセージと同じメッセージをコミュニケートすることになる、別のもっと適切な行動を分化強化します。具体的には、代替行動を取ったらとても多くの強化が得られ、問題提起行動を取ったらほとんど（またはまったく）強化が得られないように御膳立てします。

ジャマールのケース（p.7）を考えてみましょう。彼の問題提起行動（他児がそばに来ると奇妙な姿勢をとる）は、他児とのやりとりから逃避したいことをコミュニケートしています。ジャマールにとってのDRAでは、「またね」と言って立ち去ることで、やりとりを終了できることを教える必要があるでしょう。関連する確立操作（EO）が有効であると確信できる場合（つまり、やりとりからの逃避という動機づけがある場合）に、まずこのスキル（「またね」と言って立ち去る）をジャマールにプロンプトします。自立してやりとりを終えられるように、プロンプトは徐々にフェイディングしていきます。

新しい代替行動を確実に学習させるためのプロンプトをまだ使っていても、分化強化を始めます。同時に、ジャマールが奇妙な姿勢や顔をしても他児とのやりとりから絶対に解放されないようにします。たとえば、問題提起行動の結果、他児から離れることを許す前に、コメントを２つすることをプロンプトして教え、その結果として他児から離れることができるようにするのです。代替行動を分化強化すること（ジャマールにすぐにやりとりから離れ

ることを許可すること）は、問題提起行動の停止につながります。

　ジャマールの例からは、カリキュラムに必要な変更を特定する際に機能的行動アセスメント（FBA）が果たす重要な役割と、多面的な支援の必要性とが強調されます。長期的な観点からすると、ジャマールがすべてのやりとりから逃げるだけでは十分ではありません。たとえ適切な逃げ方をしたとしてもです。ジャマールには、他児ともっと適切にやりとりできるように、ソーシャル・スキルを向上させることも必要です。したがって、この計画が実施されている間に、他児とのやりとりがジャマールにとってもっと魅力的なものになるよう、別の支援もするべきです。たとえば、上述の研究（Hochら, 2002）の場合のように、他児と時間を過ごすときに、質の高い強化をジャマールに与えることは、この計画に含めるべきもう1つの要素でしょう。

非両立行動の分化強化（DRI）

　代替行動分化強化（DRA）と同様に非両立行動分化強化（DRI）でも、問題提起行動によって得ていた強化子よりも量と質がまさる強化子を得ることにつながる代替行動を特定します。しかしDRIでは、問題提起行動と両立し得ない代替行動を教えます。もっと言うと、問題提起行動と非両立行動を同時に実行することはできないということです。

　たとえば、グレース（p.5）を思い出してください。習慣的に他生徒を攻撃して注意を引いていました。手遊び（たとえば、「ミス・メアリー・マック[1]」または「ああ、リトル・プレイメイト[2]」[3]）をす

---

1 〔訳注〕https://www.youtube.com/watch?v=hP9V0S51GVo
2 〔訳注〕https://www.youtube.com/watch?v=Zp_PQnRBKOk
3 〔訳注〕日本だと、「あんたがた、どこさ」かな？ https://www.youtube.com/watch?v=uK_Dc7AV0LY

るために他児とペアになれば、グレースは、他児を殴り、同時に手遊びをするということはできません。さらに、手遊びの性質上、グレースは、代替行動を使うことで、他児から高水準の注目を集めることができます。同様に、OT が背中のマッサージによって強い圧力を与えてくれるので、手をヒラヒラさせることを子どもが学習してしまった場合、子どもはプリント学習に取り組んでいる間（この活動には手を適切に用いる必要があり、手をヒラヒラさせていると完了することはできません）、背中をマッサージしてもらうことができます。あるいは、ある子どもが、アイスクリームを大声で叫んで要求することを強化されてきた場合、アイスクリームを静かに要求した場合だけ、アイスクリームは手に入るということを教えられます。子どもは大声で叫ぶと同時に静かな声で言うことはできないでしょう。

　すべての問題提起行動に関して、強化できる適切な非両立行動があるわけではありませんが、創造的に考えれば、この比較的簡単で効果的な支援法を活用する方法を思いつくことはよくあります。

高頻度行動の分化強化（DRH）

　高頻度行動分化強化（DRH）では、問題提起行動の代わりに適切な行動を使用することを要求し、その要求を徐々に増やします。具体的には、望みの強化子のために特定の行動を取ることを要求し、その行動の頻度を計画的に増加させていきます。

　DRH の最初のステップは、適切なスキルの使用に関してベースラインの割合を計算することです。たとえば、グループホームの住人であるトーマスに、自傷行為を使って洗濯物たたみの作業から逃れることなく、その仕事を完了させてほしいなら、まず、

自傷行為が出るまでに、どれだけの洗濯物をたたむかを知ること
です。次に、洗濯物たたみで特定の率を達成したら強化子（休憩）
を獲得できるというシステムを確立します。最初のセッションの
目標は、ベースライン率の約75％にするべきです。これにより、
強化子を獲得する可能性が高まり、適切な行動が強化されます（そ
の人が再びその行動を取る可能性が高まります）。上記の例では、トー
マスが自傷を始めるまでに衣類を4枚折りたたむなら、3枚を折
りたたんだら課題完了と見なして、そこで課題を取り下げるべき
です（問題提起行動の強化子）。目標枚数は計画的に増やすべきです。
先の例にもどると、3日連続で自傷行為をしなかったら、トーマ
スへの要求枚数を1枚増やすでしょう。

DRA、DRI、DRH、そのいずれを用いるかの決定

　上記の異なる強化法のいずれも、問題提起行動に使用できます。
残念ながら、具体的な状況でどれを選択するかについての明確な
ガイドラインはありません。代わりに、どの強化法が最も理にか
なっているのかを考えるだけで決定することになります。次の例
を考えてみましょう。

　マディは8歳の自閉症の少女で、真夜中に両親の寝室に駆け込
み、ベッドに飛び込むことが続いていました。具体的には、マディ
は母親の隣で寝たいのです。これは真夜中に両親の寝室に駆け込
むことの強化子になっています。マディが自分のベッドで寝るこ
とを促すのは、どの分化強化法でしょうか？　これを判断するには、
各強化法をじっくり検討する必要があります。

　代替行動分化強化（DRA）が使えるでしょうか？　これだと、
強化子（お母さんの隣で寝る）につながる適切な代替行動を特定し
て強化することになります。実際、母親と一緒に寝ることが問題

なので、この場合、適切な代替行動はありません。DRAは除外できます。

　非両立行動分化強化（DRI）が使えるでしょうか？ そのためには、マディが両親のベッドに駆け込むことと両立しないが、強化子（ママの隣で眠る）につながる行動を強化する必要があります。その基準に合う可能性のある唯一の行動は、マディに自分のベッドから母親を呼ぶように教えることです。そして母親はマディのベッドで一緒に眠ることです。しかしこれは、マディが両親の寝室に駆け込むことと大して変わりません。いえ、もっと良くないことかもしれません。ママは完全に目を覚まし、快適に眠ることができなくなるからです。DRIは除外できます。

　次に、高頻度行動分化強化（DRH）についてよく考えてみましょう。この強化法を使用するには、望ましい行動（つまり、ベッドにとどまる）をマディに練習させ、徐々にその率を上げていく必要があります。これは、母親に特定の時刻にマディのところに行かせ、マディをベッドに連れて行くことによって達成されるでしょう（これは、マディが両親の部屋に駆け込むこととママにアクセスすることとの間の随伴性を断ち、ベッドにとどまることとママにアクセスできることを結びつけます）。ママがマディのところに行く時刻は、計画的に先に延ばしていけるでしょう。マディがその時刻より前に両親の部屋に駆け込んだときは、自分のベッドに戻されます。このようにして、マディは一晩中眠り、朝にはママを抱きしめるよう教えることができました。したがって、DRHは実行可能な支援です。上述のように、使うべき強化法を指定するルールはありません。代わりに、選択肢を慎重に検討し、合理的な選択を行わなければなりません。

簡単にまとめると

■ある行動は、少なくとも問題提起行動が強化されるのと同じ頻度で強化された場合にのみ、代替行動になります。

■代替行動は、強化子の即時性、大きさ、質の点でも問題提起行動の場合に匹敵するものでなければなりません。

■代替行動は、問題提起行動よりも反応努力は少なくて済むものにする必要があります。

■分化強化法のタイプは、

　　DRA：代替行動分化強化

　　DRI：非両立行動分化強化

　　DRH：高頻度行動分化強化

第5章　結果に基づく
支援方法

　学習方程式の最初の３つの要素についての説明で、前の方の要素のそれぞれが行動の結果によってある程度影響を受けていることに、読者は気づかれたかもしれません。結果を変えることは、行動を変えるための最も重要なアプローチであり、大多数の支援にとって必要な要素です。

　行動を変えるための方法はおおまかに２つあります。

　１．強化に基づく方法と

　２．弱化に基づく方法

　この２つの結果は、すべての行動変化の核心となるものです。その唯一の機能は、それぞれ行動を増加または減少させることだからです。

強化（Reinforcement）

　《強化子（reinforcer）》とは、行動を強める結果です。言い換えれば、強化とは、行動の直後に起こる物事であり、将来同様の状況でその行動が生起する可能性を高めます。

強化子は見るだけでは分かりません。強化子は、行動への効果によってのみ分かります。ある人にとって非常に魅力的に見えるものが、別の人にとってはまったく魅力的ではないこともあります。さらに、結果事象の強化子としての効力は、動機づけ操作（MO）によって異なります。たとえば、ピザが好きなら、ランチタイムの1枚のピザは、ピザを入手するために取る行動のすべて（ピザの店に行く、ピザを注文する、ピザの代金を払うなど）の強化子として機能する可能性があります。しかし、ピザを食べたいだけ食べたら、4枚目や5枚目のピザは弱化子として機能することもあります。

　第2章で説明したように、問題提起行動は、あらゆる行動と同様に、強化との関係で学習されます。つまり、問題提起行動を取ることで規則的に強化を受けるなら、その人は問題提起行動を取ることを学習します。機能的行動アセスメントは、ある問題提起行動を強化する強化子を特定します。以下に述べる方法は、問題提起行動を脱学習する際の、対象者に関して特定した強化子の注意深い使い方を重視しています。

　前章では、DRA、DRI、DRH の3つの分化強化法について説明しました。これらの方法は、別の特定の行動を増やすことによって、問題提起行動を軽減することを目的としています。さらに2つの分化強化法について以下に説明します。本章で説明する方法も《分化強化》と呼ばれますが、それぞれの名称は誤解を招く恐れがあります。実際、この2つの分化強化法は、代替行動を強化することよりも、問題提起行動を軽減することに焦点を合わせています。これらの支援法は、問題提起行動を弱めるために望みのものや活動を提供することに力点を置いています。

低頻度行動の分化強化（DRL）

　前章では、問題提起行動よりも頻繁に適切な代替行動を用いることを促す方法として、高頻度行動の分化強化（DRH）を紹介しました。DRL も同じように機能します。しかし、代替行動の生起率が増大することを強化するのではなく、問題提起行動の生起率が減少することを強化します。

　これは、当初は非常に頻繁に生起する問題提起行動を徐々に減少させるための優れたアプローチです。　あなたは、問題提起行動を減らそうとすると同時に、代替行動を教えようとするかもしれませんが、DRL は問題提起行動を減らすために代替スキルを教えることには頼りません。DRLアプローチ使用の卑近な例としては、喫煙者が禁煙するまで、１日に吸うタバコの本数を１本ずつ減らしていくシステムを設定する場合です。ひょっとしたら、この喫煙者は、指定した本数、あるいはそれ以下の本数のタバコを吸うと、毎日「贅沢基金」から１ドルを受け取るのかもしれません。

　自閉症の子どもにこのアプローチを使った例は、マリーのケースでしょう。マリーの問題提起行動は悪態をつくことでした。ベースライン期では、１日平均125回悪態をつきました。マリーの悪態をつく行動の機能は、好きな先生の注意を引くことだということが、FBA で明らかになりました。DRL が実施され、悪態の数が１日あたり５回減れば、マリーは強化子を獲得することができました。すなわち、お気に入りの先生と過ごせる15分間の特別な時間です。成功の可能性を高めるために、１日に 20回しか悪態をつかなくなったら、許される「悪態」は毎日１回ずつ減らしていくことにしました。

マリーの先生は最初からトークン・ボードを使い、残っている《悪態》の許容数を可視化しました。先生は丸いマジックテープ®を125個付けた表を作り、最初は好きな先生の小さな写真125枚をボードのマジックテープ®に貼りました。マリーが悪態をつくたびに、先生の写真を1枚はずしました。一日の終わりに写真が残っていたら、マリーは好きな先生と15分間過ごすことができました。そして悪態の許容数を減らして、次の日は表の先生の写真を減らした状態で始めました。この支援を始めて約2か月後、マリーの1日あたりの悪態件数はゼロになり、1年後も、彼女の問題提起行動は再発していませんでした。

簡単にまとめると

DRL を実施する手順は、

1. 問題提起行動のベースライン率を計算します。
2. 問題提起行動を徐々に減らすスケジュールを設定します。目安として、減らす率は1日あたり25%を超えないでください。もっと緩やかな減少率にするのが無難であり、それは人によって異なるはずです。行動を早く減らすことよりも、本人が強化子を毎日うまく手に入れることが重要です。
3. 設定した期間、設定したレベルで行動を維持しているなら、FBA で特定された強化子を与えましょう。
4. 問題提起行動の率が基準を超える場合は、強化しないでください。
5. 連続して3日間あるいは3セッション、問題提起行動が設定レベルを超え続けている場合は、トラブル解決のために支援チームを再招集してください。

他行動の分化強化（DRO）

DRO という用語は広く使用されていますが、実際には誤った

名称です。DRO手順では、特定の《他の》行動が実際に強化されることはありません。そうではなく、DRO は、特定の時間間隔で問題提起行動を取らない場合は、常に強化するということです。最初は、非常に短い時間間隔で強化し、確実に強化子が手に入るようにします。その後、間隔は計画的に広げていきます。DRO は、ゼロ反応率分化強化、または DRZ と呼ぶこともあります。この名称により、手順がより正確に説明されます。

　DRO支援は問題提起行動を減らすために一般によく使用されますが、それを使用するかどうかを決定するときは、次の注意事項を忘れてはいけません。

代替行動を特定して教える必要性

　名称にもかかわらず、実際には DRO で代替行動を教えるわけではありません。代替行動を強化するために必ず別の手順を使用してください。そうしないと、問題提起行動の代わりに何をすべきかを学習することができません。

　たとえば、ジョーイが「チーズ・クラッカー！」と何度も叫ぶのは、チーズ・クラッカーを入手する手段であることが FBA から分かった場合、DRO としては、「チーズ・クラッカー！」と叫ばなければ、5分ごとにチーズ・クラッカー与えるということになります。チーズ・クラッカーを手に入れるために、彼に実行してほしい具体的な代替行動はありません。単に「チーズ・クラッカー！」と叫んではいけないというだけです。ジョーイは、何か他のことを叫んだり、チーズ・クラッカーを行儀よく要求したり、別の問題提起行動をとったりしても、5分間隔の後にはチーズ・クラッカーをもらえます。しかし、彼は、チーズ・クラッカーが欲しくても、それを適切に要求する方法を教わってはいないのです。

とは言え、DRO は DRA と組み合わせて使用できます。たとえば、ジョーイが叫ぶことなく 5 分間隔が過ぎれば、チーズ・クラッカーを非随伴的に与え、適切に要求したらそれに応じてさらに 1 つ与えるのです。

さまざまな強化子を特定して使用する必要性

　非常に頻繁に生起する問題提起行動への支援として使う場合、DRO の初期間隔は非常に短くします。生起した行動の DRO が 10 秒という短さのものを見たことがあります。問題提起行動があまりにも頻繁に生起するので、それくらい短い間隔にしないと、強化できないからです。

　あまりにも頻繁に強化されると、飽和状態（強化子の獲得しすぎ）になるリスクが高くなります。短い間隔で DRO を使用するときに、飽和状態を予防するには、FBA で特定された強化子だけに頼るのではなく、さまざまな好みのものを提供することを検討します。ある時点で強化子として機能するものを特定するのは微妙で難しいことではありますが、DRO の成功にとってはとても重要なことだということを忘れないでください。強化子の選択に関する詳細な案内については、*Incentives for Change: Motivating People with Autism Spectrum Disorders to Learn and Gain Independence*（L. Delmolino and S. Harris, 2004）をお読みください。

簡単にまとめると

DRO を実施するには：

1. 生起した問題提起行動の終了から次の生起の開始までの平均潜時（時間）を計算しましょう。
2. 強化するまでの時間間隔を、最初は平均潜時の 75% 時点に設

定しましょう。

3．時間間隔を広げる基準を設定しましょう。一般的な基準は、3日間連続して、設定時間間隔の1日あたり90％で成功したら、間隔を伸ばすというものです。一度に25％を超えて間隔を広げないようにしましょう。

4．指定した時間間隔で問題提起行動を取らなかった場合のために、提供できる強化子または強化子のプールを決めておきましょう。

5．固定間隔DRO(fixed interval DRO) か変動間隔DRO(variable interval DRO) を選択しましょう。DRO は、固定間隔（毎回同じ時間間隔）または変動間隔（毎回異なる間隔だが平均すると目標間隔になる）で実施します。忙しい場合は、DRO の実施を容易にするために固定間隔を選択し、本人が途中で強化を求めるのを防ぐことが可能であれば、変動間隔を選択しましょう。変動間隔で行うには、平均すると特定の間隔になる時間のリストを作成し、実施する前にランダムな順序で時間間隔を書き出すのが最も簡単です。完了したら、リストの当該間隔を消しましょう。たとえば、変動間隔1分には、次の間隔を含めるかもしれません。30秒、90秒、1分、すぐ、2分など。このプロセスを簡素化するためにデジタル・タイマーを使用しましょう。

6．間隔DRO(interval DRO) か瞬間DRO(momentary DRO) を選択します。間隔DRO では、時間間隔全体を通して観察し、時間間隔全体で問題提起行動を取らなかった場合にのみ強化します。瞬間DRO は、行動生起率が非常に高い場合、または対象者を時間間隔全体を通して観察できない場合のいずれかで使用します。瞬間DRO では、時間間隔が終了した瞬間に問題提起行動が出なかったら、強化子を与えます。

7．間隔拡大の基準を3日間または3セッション連続して満たさない場合は、トラブル解決のために支援チームを再招集しましょう。

消去（Extinction）

　分化強化手順とは対照的に、消去では、問題提起行動の強化を完全にやめます。消去では、ある行動の強化レベルを、競合する

行動の強化レベルと比較することはしません。そうではなく、消去では、問題提起行動にのみ焦点を合わせ、それを強化しないようにするだけです。たとえば、子どもが、いつものように食料品店で、キャンディがほしくて大声で叫んでそれを買わせようとする場合、子どもの叫び声を無視すると（可能なら！）、最終的には叫び声はおさまります。

DRL および DRO は、DRH、DRA、DRI とともに、構成要素として消去を含む場合と含まない場合があります。つまり、問題提起行動の強化をやめる必要がある場合とない場合があります。それとは別に、問題提起行動に対して低レベルの強化をし、代替行動に対して強力な即時強化をすることがあります。これにより、《消去バースト》を防ぐことができます（第2章で説明したように、消去バーストでは、標的行動は最初増加し、その後減少します）。

先ほどの例にもどると、ひとたび子どものキャンディ欲しさの叫び声を無視し始めると、子どもはキャンディを手に入れようとして、叫ぶだけではなく、食料品を投げたり、妹を殴ったりするかもしれません。しかし、最終的には、キャンディを手に入れるための行動が失敗に終わると、一連の行動の停止につながります。消去は問題提起行動に対する効果的な支援法ですが、消去バーストの可能性があるため、慎重に用いなければなりません。深刻な攻撃や自傷行為、重大な器物損壊が始まったり、悪化したりする可能性のある行動には、消去は決して用いないでください。さらに、問題提起行動が低頻度行動の場合には、それがもはや強化にはつながらないということを悟る機会が少ないので、消去は効果的ではないかもしれません。たとえば、問題提起行動が隔月にしか生じない場合、問題提起行動を起こしても強化子は手に入らないという経験は6か月間に3回しかありません。

消去を機能させるためには、問題提起行動が強化につながらな

いようにしなければなりません。したがって、行動が強化される
のを防ぐことが難しい場合、消去は適切な選択肢ではありません。
通常、このことは自動強化行動の場合に当てはまります。たとえ
ば、結果として生じる感覚を体験するために、自分で頭を叩く場
合などです。この種の行動では、強化的な感覚刺激を防ぐことは
困難です。同様に、環境内の他の人からの強化的な対応をさせな
いことが難しい場合、消去は間違った支援です。たとえば、ある
生徒が、他の生徒の注意を引くために言う不適切なジョークが実
に面白い場合、他の生徒たちは真面目くさった顔を保つのに苦労
するかもしれません。

　消去だけでは、本人のニーズを満たすための代替方法は提供さ
れない、ということに留意してください。しかし私たちは常に、
効果的にコミュニケーションを取るための何らかの方法を、本人
には持ってほしいと考えています。

簡単にまとめると

消去を実行するには、次の手順に従います。

1. FBAで、問題提起行動の強化子を特定できたら、もはやその行
動に続いて強化子を提供してはなりません。
2. 強化子が別の方法で提供されていないことを確認してください。
たとえば、問題提起行動が出ていないときに他生徒が話しかける
ことで本人が望んでいる注意を向けた場合、問題提起行動につい
て本人を叱るなど、別の形で注意を向けることにならないように
しましょう。
3. 1日に少なくとも1回は生起していた行動が、消去を2週間試
みた後も、生起率、規模、または持続時間が減少しない場合は、
トラブル解決のために行動支援チームを再召集しましょう。

弱化（Punishment）

　第2章で、行動を弱める結果を弱化と定義しました。言い換えれば、弱化は行動の直後に続き、その結果、その行動が将来同様の状況で生起する可能性を減らします。強化と同様、見ただけでは弱化はわかりません。弱化子は、行動への影響によってのみ特定できます。

　強化の場合と同様に、弱化子として機能する結果事象の効力は、その人の確立操作（Establishing Operation）と無効操作（Abolishing Operation）によって変わります。たとえば、放課後の他生徒との不愉快な対決を予測している10代の若者のことを考えてみましょう。彼が父親に八つ当たりし、その結果、外出禁止にされ、他生徒との衝突は回避されました。将来的には、同様の状況で、彼は父親に再び八つ当たりする可能性があります。つかの間の確立操作（普段はそばにいない父親に八つ当たりすることの動機づけ）のせいで、父親の意図的な弱化（息子を外出禁止にする）は、意図せざる強化子として機能しました。

　2002年に、Lerman と Vondran は、弱化に関するそれまでの文献を検討し、弱化についていくつか重要な点を要約しました。

1. 弱化の手順は、問題提起行動を減らすのにしばしば有効です。

2. 弱化は、強化に基づく他の手順なしに、単独で使用されることはめったにありません。

3. 弱化に関する臨床研究のほとんどは、負の弱化の研究です。言い換えれば、研究者が研究してきたことのほとんどは、環境に何か（叫ぶ、平手打ちする、「唾を吐きません」などの誓約文を何度も書かせるなど）を追加したときに、弱化として何が起こるかではなく、何か（ポイントやお金など）を取り去ったと

きに、弱化として何が起こるかでした。Lerman と Vondran
は、通常行われてきた研究からは、正の弱化手順の効果は十
分には予測できないかもしれないという懸念を述べています。

　弱化は、予測できない副作用につながる可能性もあります。それ
は、《無条件性の感情的反応》として説明されています。たとえば、
人は、予想外の攻撃性や感情を伴って反応することがありますし、
弱化子そのものよりも、弱化子に関連する多くの条件を回避し始
めることがあります。たとえば、学校の特定の教師によって頻繁
に弱化させられると、生徒はたちまち学校全体を回避することを
学習する可能性があります。自閉症や関連障害がある人は、すで
にソーシャル・スキルに難があるので、他の人とのやりとりをさ
らに嫌がるようにしかねない弱化を選択または考案する際にはよ
くよく注意してください。

　このような懸念にもかかわらず、さまざまな研究が、行動支援
計画のオプションとして弱化を含めることに賛成しています。た
とえば、ある研究グループ（Hanley ら，2005）によると、自閉症
の人の中には、代替コミュニケーションの使用を強化することに
加えて、弱化も行動支援に含める方が、代替コミュニケーション
使用の強化だけの場合よりも効果があるとのことです。驚いたこ
とに、この研究グループはまた、その同じ自閉症の人たちが実際
に弱化の要素を含む治療の方を好むことを発見しました。別の研
究では、対象者は、問題提起行動を許されるだけの場合に比べて、
支援を受けることの方を好んだのです（Dozier et al., 2007）。しかし、
後者の研究での支援には、弱化の要素は含まれていませんでした。
このことは、自閉症の人にとって好ましい支援策を立案する上で、
弱化は重要な要素ではないことを示唆しています。

正の弱化vs.負の弱化

　前述のように、弱化のタイプには２つあります。1）正の弱化と、2）負の弱化です。正の弱化の手順では、特定の行動の結果として、嫌悪的なもの（本人が不快に感じるもの）が環境に追加されます。たとえば、平手打ちは正の弱化子と考えられるでしょう。悪い言葉を使った子どもの口の中を石鹸で洗うのも同様でしょう。侵襲度の低い正の弱化手順には、厳しい叱責、または教室で《信号機》システムを使っている場合に、生徒のグリーンカードをイエローカードに変更することなどがあります。

　正の弱化子を使用する場合、弱化子に対する《耐性》を身に付けさせないことが重要です。たとえば、子どもを厳しく叱責することは、最初のうちは問題提起行動を減らすのに効果的かもしれませんが、子どもは叱責に対する耐性を身に付けてしまい、問題提起行動は再び増えるかもしれません。そのうちに、叱責から怒鳴りまくることへとあなたの背中を押すことになるかもしれません。子どもの問題提起行動を怒鳴って叱っても効果がなくなると、あなたの対応はエスカレートし続ける可能性があります。これは、危険なエスカレーションと虐待のリスクのお膳立てとなる可能性があります。

　負の弱化の手順では、問題提起行動の結果として、本人が望んでいるものが取り除かれます。たとえば、特権やデザート、テレビ視聴時間、お気に入りのおもちゃなどを失うといったことです。強化に基づく手順と同様に、FBA の結果を分析して、適切な弱化子を特定する必要があります。やはり、随伴性がエスカレートして行くサイクルの中で、本人の特権のすべてを１つまた１つと奪っていくことは避けてください。

弱化の使用を検討する場合

　要約すると、弱化の使用にはさまざまな懸念があります。それにもかかわらず、正しく使用すれば、弱化は効果的であり、問題提起行動を取る人に利益をもたらします。

　原則として、まず弱化の要素を入れないで行動支援計画を作成することをお勧めします。何らかの理由で問題提起行動が期待通りに減少しない場合は、弱化子を追加することを検討します。例外的に、すぐに弱化の使用を検討する場合が2つあります。1）危険な行動の場合、あるいは2）早急に対処しなければならない行動の場合（たとえば、自閉症の娘が教会で大声で叫び、しかも姉が数週間以内に教会で結婚するような場合）です。

　また、一般的に言って、正の弱化手順を使う前に、常に負の弱化手順を試すべきです。正の弱化手順（本人の環境に弱化子を追加する）を考えるのは、他に考え得る方法はすべて効果がないことを確かめ、行動の機能を再確認し、適切な支援の全体像を文書化した後に限ります（第10章のトラブル解決のヒントを参照）。

自己管理

　結果に基づく支援を行う場合、自閉症の人に結果を提供することができます。あるいは、《自己管理》技法によって自分で自分に結果を提供することを教えることができます。自己管理では、問題提起行動を制御するために考案された行動を取ることを学習します。たとえば、ダイエットを続けて、一日ごとにカレンダーに星印をつけると、ダイエットを頑張ることに正の強化をしていることになります。逆に、ダイエットを怠ったら瓶に1ドルを入

れるなら、過食を減らそうとして負の弱化手順を使っていることになります。強化や弱化を与える人が、行動を変えようとしている人と同じ人である場合、これを《自己管理》と呼びます。

さまざまな能力の人たちに、自己管理の手順を教えることができます。自分の行動の管理を教えることには多くの利点があります。第1に、行動管理者は、常に行動を変える必要のある人とともにいます。そのため、行動の変化が、いろんな場面に般化する可能性が高くなります。第2に、問題提起行動の前兆が外部からは見えない場合（たとえば、思考や感情）でも、自己管理は依然として起きる可能性があります。たとえば、自己管理は、自動強化行動に非常に役立つことがあります。第3に、スタッフの時間や注意が少なくて済むため、自己管理に必要なリソースが少なくて済みます。最後に、自己管理は自立性をもたらすので、あらゆる行動計画の究極の目標となります。

他の方法で自律性に取り組んでいる（たとえば、インクルーシブな教室に参加している、または援助付き就労に参加している）人の場合に、自己管理を検討してください。また、行動計画でしばらく成功していて、支援をフェイディングするためのステップとして自己管理を使えそうな人にも、自己管理を検討してください。最後に、問題提起行動に対する本人の意識を高めるために、自己管理を検討してください。たとえば、私が関わっていたある生徒は、ほぼ絶え間なく独語していました。彼は自分が独語していることに気づいていないようでしたが、彼が属するインクルーシブな教室の他の生徒たちの妨げになっていました。自己管理のテクニックを習得することは、いつ話し、いつ静かにしているかを理解するのに役立ちました。彼は同級生に受け入れられることや、同級生の邪魔をしないことに動機づけられていたので、自分の独語に気づくだけで、独語の量を大幅に減らすことができました。

簡単にまとめると

自己管理の実施は、次の手順に従います。

1. 支援計画を作成しましょう。できれば、計画の作成に本人を参加させましょう。

2. あなたが強化または弱化させたい行動に気づかせるためのプロンプトと強化を使用して、その行動に気づくことを本人に教えましょう。上記の生徒の場合、彼が独語しているときに、教師の助手が彼の肩に手を当ててそっと合図しました。人は通常、強化される行動を判断することを簡単に学習します。弱化される行動に気づくことを人に教える際、プロンプトされて気づくよりも、自分でその行動に気づく方が、受ける弱化は少なくなるようにすることは、通常良い考えです。例えば、自分で行動に気づいた場合は、失うトークンは1つですが、プロンプトされなければ気づかない場合は、2つ失うというようにです。

3. 計画した基準に基づいてプロンプトを計画的にフェイディングしましょう（たとえば、あるプロンプトレベルで3日連続して成功したら、その後のプロンプトを減らします）。問題提起行動に自分で気づくことを強化し続けましょう。

4. 問題提起行動に自分で気づいたら、強化または弱化を与えるために使用するプロンプトを計画的にフェイディングしましょう。

5. 問題提起行動を適切に自己管理しているかどうかの抜き打ちチェックを定期的に行いましょう。

6. 問題提起行動を自分で管理できるようにしましょう。

7. データの評価を続けましょう。他の計画と同様に、改善しないまま3日が経過した場合は、トラブル解決のために支援チームを再招集しましょう。

倫理的考慮事項

　行動分析士資格認定協会には、結果に基づく手順を使用するすべての人に特に役立つ倫理的ガイドラインがたくさんあります。行動を変えることに関わる人は誰でも、これらのガイドラインを

読み、理解し、遵守しなければなりません。これらのガイドラインを以下に簡単に要約しますが、この短い要約はガイドラインの完全版に取って代わるものではありません。完全版のガイドラインは、行動分析士資格認定協会のウェブサイト（https://www.bacb.com/wp-content/uploads/2020/05/BACB-Compliance-Code-english_190318.pdf）の「責任ある行動のガイドライン」から入手できます[1]。

　行動を変える手順については、本人またはその保護者から書面によるインフォームド・コンセントを取得しましょう。同意は、クライアントの側にいささかも強制と感じさせるものであってはなりません。言い換えれば、提案された行動支援計画を受け入れたり拒否したりしても、サービスや特権が失われる（たとえば、「この計画に同意しない場合、本人をこのグループホームに受け入れることはできません」とか、「あなたがこの計画に同意しない場合、お子さんをこの学校に受け入れることはできません」）ことはないということを、本人またはその保護者は納得できるものでなければなりません。同意を与える人は、提示されている計画を理解し、いつでもそのプログラムを終了する権利があることを理解しなければなりません（同意書の見本については、第9章を参照）。

1．支援計画は、実証済みの科学的手順に基づいており、成功の合理的な可能性があり、FBAの結果に基づくものでなければなりません。

2．可能な限り、弱化ではなく強化に基づく計画を選択しましょう。弱化手順が必要な場合は、代替行動の強化も必ず併用しましょう。

3．効果的である可能性が高い一方で、本人に困難さ、不快感、

1　〔訳注〕わが国には日本行動分析学会倫理綱領がある。https://j-aba.jp/aboutus/rinrikoryo.pdf

または制約を課す可能性が最も低い支援法を用いましょう。

4．問題提起行動を継続的に測定して、支援計画の効果を評価
しましょう。計画書に書かれた基準に従って、計画を調整し
たり、終了したりしましょう。変更については、すべて本人
またはその保護者の同意を得ましょう。

第6章　すべての機能に対する賢明な支援

　読者は問題提起行動の機能をご存じです。行動の脱学習の基本原則もご存じです。さらに行動変容の一般的な方法もご存じです。これで、児童や生徒のための賢明な行動支援計画を作成するために必要なすべての要素が揃いました。

　この章では、段階的なアプローチを使用して、行動支援計画を作成します。機能ごとに（逃避、注意、ものや活動へのアクセス、自動強化）、支援方法の各タイプ（先行事象ベース、代替スキル、結果事象ベース）についての提案メニューを用意しました。問題提起行動ごとに、支援方法の各タイプにつき少なくとも1つは使用する必要があります。したがって、すべての計画に、先行支援、代替スキル、結果事象変更が含まれます。すべてのアイデアがすべての問題提起行動に合うとは限りません。しかし、直面する可能性のある問題提起行動ごとに、選択できるアイデアは十分あります。特定の問題提起行動に関するニーズを満たすために、アイデアを選んで修正しても構いません。

　以下のセクションでは、問題提起行動の主な機能ごとに、アイデアの概要を説明します。複数の機能を果たす問題提起行動に対

処するために、ここで紹介したアイデアを組み合わせる方法については、第7章で説明します。

逃避や回避によって維持されている行動に対処するためのアイデア

ステップ1：行動の機能を明確に理解しましょう

次のことを必ず知っておいてください。
■何から逃避/回避しているのですか？
■なぜ逃避/回避しようとしているのですか？
　□難しすぎるからですか？
　□あらかじめ必要なスキルを欠いているからですか？
　□簡単すぎるからですか？
　□退屈すぎるからですか？
　□反復的すぎるからですか？
　□嫌悪刺激があるからですか？
　□活動が始まる前でも、問題提起行動が出ますか？　活動がこれから始まるというときに出ますか？　活動が始まってから出ますか？　どれくらいの時間その行動は続きますか？

　逃避や回避についての確立操作（EO）がもはや生じないように課題を変更するには、上記の情報が必要です。たとえば、要求を課すとすぐに問題提起行動が始まる場合、要求自体が嫌悪的であるため、要求を再検討する必要があります。しかし、問題提起行動が始まるまでに、しばらくの間要求に応じる場合、要求を軽減するか、本人の持久力を高めるかしなければならないでしょう。上記の質問に対する回答がわかったら、ステップ2に進む準備が

できたことになります。

ステップ２：先行支援

以下の先行支援から１つあるいは複数選択します。各方法の例はイタリック体にしてあります。

A．要求を変更しましょう。以下を検討しましょう。

■課題に好みの材料を組み込む（課題と強化とを対にする）。

四角や点を使って数えることを子どもに教える代わりに、恐竜など、その子の好きなものを数えさせましょう。

■課題をもっと難しくする（要求が簡単すぎることがアセスメントで明らかになった場合）。

単に数えるのではなく、グループのメンバーを数え、全グループを合計させます。

■課題をもっとやさしくする（アセスメントして要求が難しすぎると分かった場合）。

グループを追加しないで、単にグループ・メンバーを数えるだけにする。

■前提条件スキルを上手に使えるようにする（アセスメントして要求が難しすぎると分かった場合）。

２桁の足し算に取り組む前に、１桁の足し算が上手にできるように練習する。

■課題の選択肢を提供する（可能な限り本人のEOに応じるために）。

何を数えるか、数えるか足し算するかなどを、生徒が選択できるようにする。

■課題の順序の選択肢を提供する（本人のEOに応じるために）。

課題を遂行する順序を子どもが選択できるようにする。

■要求を色々と変える（課題に関する飽和化を防ぐため）。

　　ある日は数える課題，別の日は足し算の課題，その次の日
　は順番に並べる課題にする。

■課題の嫌悪的な性質を取り除く（逃避/回避の EO を減弱させる
　ため）。

　　触れられたくない生徒には，身体的プロンプト（例：手を
　添えてのガイダンス）ではなく，ジェスチャー・プロンプト（例：
　指さし）を用いて，正しい応答を教える。

B．逃避や回避の S^D（つまり，問題提起行動の合図となる刺激）
を除去しましょう。

■新しい設定で課題を完了することで。

　　屋外のピクニック・テーブルで作業する。

■課題の材料を変更することで。

　　数える課題にはトークンの代わりに積み木を使う。

■課題に使われる表現を変更することで。

　　「てんとう虫を数えよう」と言う代わりに，「ピクニック用
　の毛布の上を這っているてんとう虫は何匹ですか？」と言っ
　てみる。

■課題に関わる人を変えることで。

　　指導者を交代させる。親や専門家の手助けのもとに，子ど
　も同士で指示を出し合うようにする。

C．要求されることに予測可能性（見通し）を与えましょう。

■次の要求について子どもに準備させることで。

　　子どもに「次は数える課題だよ」と伝える。

■要求されることを子どもに正確に知らせることで。

　　「トラックとレースカーを数えます。そうすれば完了です」

と子どもに伝える。

■その日の日課のどこで要求されるのかが、子どもには見てわかるようにすることで。

活動スケジュールを使って、いつ課題が開始され、それから何が続くのかを示す。答えるのに努力を要する課題や、好きではない課題の後に、好きな課題が続くようにする。スケジュールの例としては、努力を要する学業課題、好きな課題、そしてソーシャルな課題を交互に与える。

ステップ3：代替スキル

代替スキルを教えるために、以下の方法の1つあるいは複数を選択しましょう。それぞれの例はイタリック体にしてあります。

A．休憩を適切に要求することを教えましょう。

自閉症の人に休憩のサインを教えましょう。最初のうちは、適切に行動できたら、必ずすぐに強化すること。

注：言葉を話せる自閉症の人でさえ、休憩を要求したり、課題を適切に終了したりする練習が必要なことがあります。身体機能的には休憩要求が可能だからといって、その人がそれを実行するとはかぎりません。あなたが関わっている人が確実に「自分の言葉で言う」ことができるようにする唯一の方法は、その人が何かを望むときに、それを要求することをプロンプトし、その要求をすぐに強化することです。たとえば、グループホームのスタッフが利用者に皿洗いをするように頼み、利用者が「私はしたくない」と言った場合、それをもっと真面目な行動に置き換えたいなら、この発言を尊重する必要があります。その後、上手な要求行動のレパートリー

を身に付けたら、要求満足を遅らせることを教え、「いいえ」や「だめ」を受け入れることを教えることができます。あるいは、利用者が皿洗いをするのが本当に嫌いな場合は、代わりに料理や洗濯を割り当てるのもよいでしょう。

B.「後でします」ということをコミュニケートすることを教えましょう。

「後で」とサインを出すことを自閉症の人に教えましょう。最初は必ずすぐに強化し、計画的に強化を遅らせていきましょう。即時強化の必要性については、上記の注を参照してください。

C. 要求される課題に取り組む順番の決め方を教えましょう。

つまり、課題をいくつか実行する必要があるが、取り組む順番は重要でない場合は、本人に順番を選択させましょう。裏にマジックテープ ® を付けた絵カードや写真のスケジュールを使って、本人が順番を選べるようにしましょう。本人の行動を必ず強化しましょう。

D. 要求されたことに耐えるために必要なスキルを教えましょう。

大人なら、仕事を受け入れやすくするために、ヘッドホンで音楽を聴きながら、作業責任を果たすことを教えましょう。子どもなら、難しい宿題の問題に関する答えをメモの中に見つけることを教えましょう。

E. 持久力や耐性を身に付けさせましょう。

大人がホテルの洗濯室での仕事を始める場合は、最初はタオルを 1 枚だけたたむように要求し、その後、その仕事に必

要な量まで徐々に計画的に作業割合を上げていきましょう。子どもが学校でのグループ学習で他児のそばにいるのが難しい場合は、学習中に徐々にグループに近づけていきましょう。

ステップ4：結果に基づく支援方法

以下の結果に基づく支援方法を1つか複数選択しましょう。

A．第4章で説明したタイプの強化（DRA、DRI、DRH）のいずれかを用いましょう。

　　青年が、教室から逃避することを、教師とやりあうのではなく、適切に要求できたら、そのたびに、廊下を3分間ブラブラさせましょう。強化を受けるために必要な授業参加を計画的に増やしていくために、DRHを使うことを検討しましょう。同様に、子どもが、夕食時に席を離れて食事場面から逃避する場合、指定された回数嚙めば、席を立つことを許されるということによって、子どもの行動は強化されるでしょう。

B．消去を使って、問題提起行動が課題からの逃避につながらないようにしましょう。

　　ある生徒が教室での学習から逃避するために教室内で怒鳴り、通常はタイムアウトになる場合は、それ以上の騒動を防ぐために、その生徒を教室から連れ出しますが、廊下で学習させます。

C．弱化を使用して、問題提起行動の結果が、将来その行動をとることを確実に思いとどまらせるような対応となるようにしましょう。

たとえば，割り算の筆算から逃避するために，算数の授業中に嫌味を言う生徒には，嫌味を言うたびに割り算問題を追加します。

注意注目によって維持される行動に対処するためのアイデア

ステップ1：行動の機能を明確に理解する

次のことを必ず知っておいてください。

■どのようなタイプの注意注目を望んでいますか。次のことを考えてみてください：

□高強度か低強度か（例えば、静かな賞賛か大声での賞賛か、穏やかな抱擁か固い抱擁かなど）

□独占か分割か（ある人から独占的に注意を引くことか、他の人や対人的要求にたびたび気を配る人から注意を引くことか）

□グループでか一人でか（多くの人々の1人として誰かとやりとりすることか、一人で誰かとやりとりすることか）

□感情を表現してか感情を控え目にしてか（活気に満ちた顔、声、ジェスチャーで注意を向けられるか、感情を表に出さないで注意を向けられるか）

□身体的か言語的か非言語的か（例えば、彼女が望んでいるのはハグですか？ 賞賛ですか？ 笑顔ですか？）

■誰からの注意注目を求めていますか？

■特定の質の注意注目を取り戻そうとしていますか？ それとも特定の質の注意注目の喪失を回避しようとしていますか？（たとえば、一人で食事をしたとき、食べ物を投げると誰かの注意を引くことを学習しましたか？ あるいは食べ物を投げることは、好きな

人にそばに居続けてもらえる確実な方法であることを学習しましたか？）

■どれくらいの時間、低レベルの注意注目に耐えられますか？

ステップ２：先行支援

　以下のリストから１つあるいは複数の先行支援を選択しましょう。各支援の例はイタリック体にしてあります。

A．注意注目のレベルが今後変化することに備えさせ、注意注目レベルの変化はどれくらい続くのかについて明確な見通しを示しましょう。

　　グループホームの利用者に、「私にはいくつかしなければならないことがあります。昼食が始まる前には戻ってきます」と言います。または、幼い子どもに、あなたが電話をかける間、お気に入りのテレビ番組を映すことを伝えます（たとえば、「リトルベア」を10分間）。そしてテレビ番組が終わったら、再びママと遊ぶ時間だよと言います。

B．注意注目が変化した間は、特定の活動をして過ごすよう指示しましょう。

　　グループホームの利用者に、注目レベルが低い間、好きな芸術活動に取り組むよう指示し直します。年少児には、パズル、塗り絵、おやつを与えることを検討しましょう。時には、気をそらさせる必要があるときにだけ出てくる自動シャボン玉発生器や、ラバランプ、スノードームは、自分で遊ぶス

1　〔訳注〕自動シャボン玉発生器　https://www.youtube.com/watch?v=ofaX-KnhFFs4

2　〔訳注〕ラバランプ　https://www.youtube.com/watch?v=m_W5gNLDFjQ

3　〔訳注〕スノードーム　https://www.youtube.com/watch?v=qBDFi8gYlCM

キルが乏しい子どもには役に立つかもしれません。

C．本人が望む注意注目をスケジュール化して、問題提起行動が生起閾値に達するのを防ぎましょう。

15分間の低注意に耐えられる大人の場合、10分ごとに注意注目をすることをスケジュールに入れましょう。

D．本人が望む注意注目を取り戻すためには何をしなければならないかを正確に伝えて、課題に取り組んでいる間に、注意注目が減少していく、または差し控えられていくことに対処させましょう。

グループホームの住人に、「ベッドを整えたら、私と一緒に散歩に行けますよ」と伝えます。あるいは、先生と再度おしゃべりするために解かなければならない問題があるなら、その数を正確に伝えましょう。そのために、トークン表が役に立つことがあります。

E．活動でのやり取りを維持できるならそうしましょう。

注意注目に動機づけられている大人に、人とやり取りする仕事を割り当てましょう。たとえば、物を配ったり集めたり、他の住人が昼食に何を食べたいかを聞き取る仕事などです。学校では、やり取りのある仕事を割り当てましょう。たとえば、学年が下の、または能力が低い子どもを教えたり、特別支援教育の場で、指定された時間間隔で他児に御褒美を届けたりする仕事などです。

ステップ3：代替スキル

以下のリストから1つ以上の代替スキルを選択しましょう。それぞれの例はイタリック体にしてあります。

A．注意注目を適切に要求することを教えましょう。

自閉症の就学前児に、かんしゃくを使って母親の注意注目を取り戻すのではなく、電話を切るよう母親に頼むことを教えましょう。

B．注意を引くことになる適切な対応を教えましょう。

自閉症の就学前児に、毎朝出席を取らせて、他児からの注意を引くことを教えましょう。さらに、手遊びをしたり、ハイタッチをしたり、冗談を言ったり、褒めたりすることも教えましょう。

C．注意注目が少なくても耐えるスキルを教えましょう。

自閉症の子どもに、先生が教室に戻るのを待つ間、フォトアルバムを見ることを教えましょう。

D．忍耐を教えましょう。

1対1での注意注目がなくても過ごせる時間を計画的に延ばしていき、それを強化しましょう。

ステップ４：結果に基づく支援方法

　以下のリストから結果に基づく支援方法を１つ以上選択しましょう。各支援法の例はイタリック体にしてあります。

Ａ．第５章で説明した強化タイプの１つを使いましょう。

　注意注目のレベルが低下することに、自閉症の子どもが耐えられるように、問題提起行動を維持しているのとまったく同じタイプの注意注目（例えば、高強度の注意注目）を、問題提起行動を取っていないときに与えましょう。親や教師が普段、身体を抑制して問題提起行動に対応しているなら、強く抱きしめたりレスリングのホールドをしたりして、子どもの適切な行動を強化しましょう。

Ｂ．消去を使って、問題提起行動では注意を引くことができないようにしましょう。

　たとえば、私が関わっていた生徒は、注意を引く手段として教師の服で鼻をかむのが常でした。この行動を消去するために、この行動に反応することをまったくやめました。あたかもその行動がまったく起きなかったかのように対応し続けると、最終的にその行動は消えました。

Ｃ．弱化を使って、今後その行動を続ける可能性を減らしましょう。

　自閉症の生徒が問題提起行動を取ったら、タイムアウトを適用し、生徒が求めている注意注目を取り除きましょう。

好みのものや活動の獲得によって維持されている行動に対処するためのアイデア

ステップ1：行動の機能を明確に理解する

次のことを必ず知っておいてください。

■本人はどのタイプのもの/活動を望んでいますか。次のことを考えてみましょう：

□それは食べ物ですか？　もしそうなら、それは塩辛い食べ物ですか？　甘い食べ物ですか？　どろどろした食べ物ですか？　冷たい食べ物ですか？　など

□それは飲み物ですか？　もしそうなら、それは冷たいですか？　甘いですか？　など

□それは聞くものですか？　うるさいですか？　静かですか？　音楽ですか？　声ですか？　リズミカルですか？　メロディックですか？

□それは触るものですか？　べたつきますか？　ぐにゃぐにゃしますか？　冷たいですか？　温かいですか？　湿っていますか？

□それは見るものですか？　それは光りますか？　色ですか？　コントラストですか？

□それはにおいがするものですか？　どんなにおい？

□それは活動ですか？　エネルギッシュな活動ですか？　それは特定の感覚を伴いますか？　それは知的な能力が関係していますか？

□何かを創作することと関係していますか？　絵具を好みますか？　クレヨンは？　糊は？　粘土は？

□注：本人が望む特定のもの/活動をいろいろと見つけ出す
　ことが重要です。その手のものや活動は、適切な行動の強
　化子として使えるはずです。

■特定のもの/活動を取り戻そうとしたり、それを失うことを
　避けようとしたりしていますか？

■そのもの/活動をあきらめたり、それを待ったり、それを共
　有したりすることは、本人には難しいですか？

■問題提起行動を取るまでに、どれくらいの時間、このもの/
　活動にアクセスせずにいられますか？

ステップ２：先行支援

以下のリストから１つ以上の先行支援を選択しましょう。 各
操作の例はイタリック体にしてあります。

Ａ．可能な限り、１日を通して、望みのもの/活動にアクセス
　できるようにしましょう。

　　*ドクター・スース[4]の本に興味のある自閉症の子どもの場合、
　読書プログラムには、ドクター・スースの絵本を使い、順番
　交替スキルへの取り組みには、ドクター・スースのゲームを
　使いましょう。算数の文章題には、ドクター・スースの登場
　人物を使い、綴りのテストには、ドクター・スースの絵本の
　中の出来事についての文章を使いましょう。飽きを防ぐため
　に、他の好みの素材をドクター・スースの素材に必ず混在さ
　せましょう。インクルージョンの教室の場合は、自閉症の生
　徒の特別なトピックも毎日混ぜ込んで、１日を通して人気の*

---

4 〔訳注〕https://www.bbc.com/japanese/56261820

あるさまざまなトピックを組み込むことを考えましょう。

B．もの/活動が利用できない場合は、競合する強化子（本人
　が望みそうな他のもの）を組み込むようにしましょう。

　　ドクター・スースの素材を組み込むことができない場合は、
　社会科の授業の間、好きなスナックや好きなクラフト活動を
　提供しましょう。

C．問題提起行動の閾値よりも短い間隔で、好きなもの/活動
　へのアクセスをスケジュール化しましょう。

　　好きなものや活動にアクセスしなくても30分間すごせる
　生徒には、20分ごとにアクセスできるようスケジュール化し
　ましょう。

D．スケジュールやその他の合図を使って、ものや活動をあき
　らめたり、他児と共有したりしなければならない時が来るこ
　とに注意喚起しましょう。

　　「あと1分で読書の時間は終わります」と先生はアナウン
　スしましょう。家では、親が「長い針が5に来たら、リモコ
　ンを持つのは弟の番だよ」と言いましょう。

E．スケジュールやその他の合図を使って、いつ、あるいはど
　うしたら望みのもの/活動にアクセスできるかを知らせましょ
　う。

　　教師は教室の掲示板にスケジュールを掲示し、そのスケ
　ジュールを指して、「理科のプロジェクトにあと3分間取り
　組み、それから読書の時間になります」と言うでしょう。家
　では、子どもが絶えずあなたにポテトチップをせがむなら、

絵/写真のスケジュールを使って，どの活動の後にポテトチッ
プが手に入るかを示しましょう。

F．望みの活動やものを、一日中、頻繁に選択できるようにし
ましょう。

　　教師は，さまざまなプロジェクトに使用する材料の選択肢，
教室内の活動コーナーの選択肢などを提供しましょう。選択
肢を提供することで，本人の現在の確立操作を特定する際に，
当て推量をしなくてすみます。

ステップ3：代替スキル

以下のリストから1つ以上の代替スキルを選択しましょう。各
スキルの例はイタリック体にしてあります。

A．好きなものや活動を適切に要求することを教えましょう。

　　言葉を話さない自閉症の成人には，絵カード交換式コミュ
ニケーション・システム™ (Frost & Bondy, 2002) を用いて
職場で要求することを教えましょう。

B．自閉症の人に、好きなものや活動に自分でアクセスする方
法を教えましょう。

　　自閉症の大人の場合，好きなものをバッグに詰めて職場に
持って行き，休憩時間にそれを使うことを教えましょう。子
どもの場合，学習活動の邪魔にならない限り，お気に入りの
ものをポケットに入れておくことを教えましょう。

C．待つスキルを教えましょう。

　自閉症の成人の場合、本人が要求したものが手に入るまでの時間を長くしていき、待つことを教えましょう。この待つスキルのプログラムは、大人が視界にあるものを数秒間待たせることから始められます。待ち時間は、徐々に計画的に長くすることができるので、視界にないものを長時間待てるようになります。このプログラムの強化子は、本人が最初に要求したものなら何であれ、大量にするべきです。

D. 「だめ（no)」を受け入れることを教えましょう。「だめ」を受け入れやすい要求に対して「だめ」と言うことから始め、とても動機づけの高い要求に対する「だめ」へと計画的に進めましょう。本人が受け入れるのが簡単なものから難しいものまでの、拒否の階層表を作成する必要があるかもしれません。

　自閉症の生徒が問題提起行動を取ることなく「だめ」を受け入れたら、非常に好きな代替物や代替活動をすぐに与えましょう。たとえば、生徒がピザを食べに外出したいと頼み、あなたが「だめ」と答える場合、あなたは生徒にプレッツェル（別の好きなスナック）を与えて、ピザに連れて行くことを拒否してもそれを素直に受け入れたことへの感謝を示すことができます。

注：「だめ」をうまく受け入れられるようになっても、要求には可能な限り「いいよ（yes)」と言いましょう。「だめ」を受け入れることを教える目的は、常に「だめ」を受け入れさせることによって、本人の生活の質を低下させることではありません。そうではなく、本人が「だめ」を本当に受け入れる必要がある場合（たとえば、仕事に行く時間なのに、テレビを見たいと要求する場合）、問題提起行動を取らないようにすることです。

E．第2希望を選択するスキルを教えましょう。

　第1希望の選択肢を与えられない場合、好みの「第2希望の選択肢」を提供しましょう。第2希望の選択肢をたくさん提供し、「第2希望を選択した」こと、または「何か他のものを見つけた」ことを誉めましょう。このプログラムは、上記の「だめを受け入れる」プログラムと同様に、階層表に従って実行することがあります。

　第1希望の選択肢が手に入らないときに、とてもほしがるものを与えることから始め、徐々に、さほどほしがらない（しかしなお楽しい）ものや活動を提供するというようにして行きましょう。

F．シェアする（分け合う）ことを教えましょう。

　自閉症の子どもに、特に執着はしないもののシェアを頼むことから始めましょう。

　たとえば、夕食時に子どもにナプキンを2つ渡して、隣の人とそれを「シェア」することを依頼しましょう。とても好きなもの/活動をシェアすることを強化しましょう。以前は問題提起行動につながったもののシェアを問題なく行えるようになるまで（ひょっとしたら数秒間しかシェアしないかもしれませんが）、シェアの依頼を徐々にそして計画的に増大させましょう。やはり、階層表が役に立つかもしれません。

G．ものを返却することを教えましょう。

　好きではないものから始めて、本人が持っている、または本人の近くにあるものをあなたに渡してもらいましょう。

　たとえば、テーブルの上の塩やティッシュを渡すよう、子

どもに頼みましょう。

　あなたが要求したものを渡してくれたら、子どもがとても好きなものまたは活動を提供して強化しましょう。以前なら問題提起行動につながった返却行為に問題が生じなくなるまで、ものの返却要求を徐々に、そして計画的に増大させていきます。やはり、階層表が役に立つかもしれません。

H. 順番交替を教えましょう。簡単な順番交替ゲームから始めましょう。

　　幼児の場合は、「Don't Break the Ice」(Hasbro)[5]*、「Crocodile Dentist」(Winning Moves)*[6]*、「Honeybee Tree」(International Playthings) など、順番交替にのみ焦点を合わせたゲームを考えてください。マッチング・スキルがある場合は、カードを表向きにして、記憶力ではなくマッチング・スキルで、「Memory」(Hasbro) や「Cariboo」(Cranium)*[7]*、「Candy Land」(Milton Bradley)*[8]*をすることを考えてください。もっと能力の高い人なら、自分の興味に基づいて、さまざまな順番交替ゲームから選択することができます。*

　　重要なことは、自閉症の人が本当に楽しめる活動を見つけることです。クリエイティブに！ 音楽が好きな人なら、交代でピアノを弾きましょう。やる気を起こさせる状況で順番交代ができるようになったら、自分の「番」になったときに、次の人に譲るか、あきらめるかする必要があるものや活動を導入しましょう。これは、ものをあきらめるか、活動をやめ

5　〔訳注〕https://www.youtube.com/watch?v=8lguXZQ8deE
6　〔訳注〕https://www.youtube.com/watch?v=Qh1R0q26BGE
7　〔訳注〕https://www.youtube.com/watch?v=BMHnTx-wSgg
8　〔訳注〕https://www.youtube.com/watch?v=Z4ZKPU-_6G0

るかする必要があるが、ある時点で再びそのものや活動への
アクセスが許可されるという事実を受け入れるのに役立ちま
す。

ステップ４：結果に基づく支援方法

　結果に基づく支援方法を試してみることにしたら、以下の方法
の１つ以上を選択しましょう。各方法の例はイタリック体にして
あります。

　A．第４章で説明した強化方法（DRA、DRI、DRH）の１つ
　　を試しましょう。

　　　すべての代替スキルを強化しましょう。たとえば、自閉症
　　の児童や生徒に、大声で呼ぶのではなく、手を上げるように
　　教えている場合は、最初のうちは手を上げるたびに強化しま
　　しょう。

　B．消去を使って、問題提起行動が好きなもの/活動につなが
　　らないようにしましょう。

　　　たとえば、子どもが過去に大声で叫んで注目を集めたこと
　　がある場合、大声をあげても無視しましょう。
　　注：好きなもの/活動を要求するために問題提起行動は使わ
　　ないということを、消去を使って教えると、ややこしくなる
　　状況が２つあります。

　　1．再指示：再指示されている活動を実は問題提起行動で要
　　　求しているのに、親や専門家は、問題提起行動から本人の
　　　気をそらすために、再指示しているのだと信じこんでい

ることがあります（《はじめに》のアンソニーがビーズを手に入れるために頭を叩いた例のように）。消去しようとするなら、この再指示はやめなければなりません。

2．感覚統合：問題提起行動が実は感覚入力を要求する手段であるときに、落ち着かせるために、自閉症の人たちに感覚統合活動を指示することがあります。問題提起行動を消すためには、感覚活動を、問題提起行動の結果としてではなく、非随伴的なスケジュールで、問題提起行動が生じる前に提供するべきです。

C．弱化を使って、今後本人が問題提起行動を取る可能性を低下させましょう。

　　たとえば、もし生徒が問題提起行動を取るなら、その生徒が好むもの/活動にはアクセスできないようにしましょう。この状況では、《反応コスト法》がうまくいきます。この場合、問題提起行動の結果として、一定量のもの/活動を生徒は失うことを取り決めます。

　　たとえば、生徒は一定時間テレビを見ることができなくなる、一定数のおやつを失う、または一定時間コンピュータゲームで遊ぶことができなくなります。

　　《はじめに》に書いたダラの母親がこの方法を使用しました。ダラが One-D について話すたびに、テレビの視聴時間を母親は削りました。しかし、この方法は効果がありませんでした。なぜなら、One-D について絶えず話すことの機能に一致していなかったからです。

自動強化によって維持される行動に対処するためのアイデア

ステップ1：行動の機能を明確に理解する

次のことを必ず知っておいてください。

A．具体的にどんな種類の刺激を望んでいますか。以下のことを検討しましょう。

■刺激は、視覚、聴覚、触覚、嗅覚、味覚、運動覚ですか？
■強烈な刺激ですか、それとも穏やかな刺激ですか？
■痛みの軽減？ 快感の誘発？
■ある種の精神的刺激？あるいは感情の沈静？

具体的な感覚入力を特定することが重要です。そうすれば、しっかり制御できる方法でその刺激を提供できたり、適切な代替手段を特定できたりするでしょう。

ステップ2：先行支援

以下の1つ以上の先行支援を選択しましょう。それぞれの例はイタリック体にしてあります。

A．その自閉症の人が、何をすべきかについて常に見通しを持てるようにしましょう。

これにより、本人が時間潰しに使う行動を自動的に強化することの EO が低下します。
指導用の教材を用意している間、自閉症の生徒が手をひら

ひらさせることのないように、パズルを与えて完成させましょう。

B．その自閉症の人に指示することは、自動強化行動と競合するに十分刺激的なことにしましょう。

強化的で刺激的な活動をしているのなら、自動強化行動に走る EO は減少します。

学校では、ABLLS（Sundberg & Partington, 1998）[9]などの構造化されたアセスメント・ツールを使って、適度に魅力的なカリキュラムを開発し、好みの教材を用いたカリキュラムを速いペースで教えましょう。家では、好きな活動やおやつの箱を管理しておき、子どもが自動強化行動に夢中になりそうなときに、子どもが利用できるようにしましょう。

C．病気やけがの有無を調べましょう。

特に、あなたが関わっている人があまり喋れない場合、痛みや不快感を伝えるために問題提起行動を使うかもしれません。

自閉症の生徒が突然物を噛み始めた場合は、歯科に連れて行きましょう。もし頭を叩き始めたら、医者に連れて行き、耳の感染症の有無を診てもらいましょう。

D．自動強化活動が受け入れられるか受け入れられないかを知らせる手がかりを教えましょう。

自閉症の生徒に、赤ではなく緑の信号を見たら、フェンスに沿って走ってもよいことを教えましょう。

---

9 〔訳注〕ABLLS-R®基本言語・学習スキルのアセスメント改訂版

Ｅ．元の問題提起行動の動機づけを満たす活動に似てはいるが、もっと適切な活動へ自由にアクセスできるようにしましょう。

ロッキングが好きな生徒には、ロッキングチェアを用意しましょう。ジャンプが好きな生徒には、トランポリンを用意しましょう。ハミングが好きな生徒には、自分で自分の声を聞くことができるヘッドフォン付きのマイクを用意しましょう。

Ｆ．特定の場所でなら、自動強化活動が自由にできるようにしましょう。

言い換えれば、《刺激性制御》の確立です。特定の活動が許される場所や時間、状況を確立しましょう。

独語が許される「トーキング・チェア」を子どもの寝室に作りましょう。物を破る生徒のために、「破ってもよい紙の山」を作りましょう。人前で自慰行為をする生徒は、自宅のトイレに行かせましょう。

ステップ３：代替スキル

以下に説明する代替スキルから１つを選択しましょう。それぞれの例はイタリック体にしてあります。

Ａ.《刺激性制御》エリアを要求する適切な方法を教えましょう。

自閉症のティーンエイジャーに、自慰行為のために中座してトイレに行くことを教えましょう。ダラに、特定の時間にのみ、One-D について母親に話せることを教えましょう。

Ｂ．待つスキルを教えましょう。

　　やりたい自動強化行動ができるまでは待つということを教えましょう。徐々に、そして計画的に待ち時間を延ばしましょう。このプログラムの強化子は、邪魔されずに自動強化活動に取り組めることとするべきです。

　　たとえば、生徒が2時間の作業セッションの間、自慰行為のため一人になることの許可を待てたら、強化子として20分間一人になれます。

ステップ4：結果に基づく支援方法

以下の結果に基づく支援方法を1つ以上選択しましょう。各支援方法の例はイタリック体にしてあります。

Ａ．第5章で説明した強化方法の1つを使いましょう。

　　活動へのアクセスは中断されずに、自動強化行動を待てることを強化しましょう。自動強化行動の生起率が低くなることを強化（DRL）するために、または自動強化行動が生起しないことを強化（DRO）するために、本人のとても好きな代替物または代替活動を使うことを検討しましょう。

　　たとえば、手をヒラヒラさせる生徒の場合、その行動の生起率が低くなっていることに、あるいは一定時間その行動が生起しなかったことに対して強化子を提供しましょう。

Ｂ．行動支援の経験豊富な認定行動分析士の助けがある場合に限り、消去を試みてみましょう。

　　自動強化行動に関しては、消去を実行することは非常に難しいのです。専門家の指導なしに試みたら、効果はあがらないか、きわめて侵襲的なことになる可能性があります。

C．実行可能な弱化を慎重に選択しましょう。

　　問題提起行動に随伴する強化子は、外部から制御すること
ができないため、取り除くことはできません。つまり、手を
ヒラヒラさせたり、体を揺らしたり、頭を叩いたりしたとき
に感じる感覚は、本人自身が制御しています。問題提起行動
にふけるときに本人が感じる感覚を、外部の人間が取り除く
ことはできません。したがって、自動強化行動に対する正と
負の弱化は、問題提起行動の機能とは無関係のはずです。
　　人が自動強化行動にふけるときは、必ずわずかな特権を取
り上げるという、反応コスト法を実施することがあります。
あるいは、本人には嫌悪的に感じられる軽度の叱責またはそ
の他の反応を使用することもあります。

すべての支援計画を向上させる方法

　　自閉スペクトラム障害の子どもや大人の問題提起行動を標的と
する場合に、上記の支援方法のいずれかと併せて使用し、その効
果を高める方法がいくつかあります。そういう方法について、以
下で説明します。

ルール・カード

　　私たちには、《ルール》を知っているという理由だけで取る行
動があります。言い換えれば、ルールに従えばどうなり、従わな
ければどうなるかは、自分の経験から学習しなければ分からない、
とは限りません。ある種の行動の結果を私たちは知っています。
なぜなら、それについて誰かが私たちに話したことがあるからです。

たとえば、私たちのほとんどは、制限速度が時速80ｋｍのところを時速160ｋｍで運転しようとはまず思わないでしょう。なぜなら、そんなことをすると、あっという間に衝突したり、スピード違反の切符を切られたりする可能性があるからです。同様に、新しい仕事に就いたら、出勤して上司の指示通りに仕事をすれば、給料と一定の休暇が手に入ることを、私たちは知っています。

　文字や絵で表現されたルール・カードを使用すると、自閉症の人は随伴性を学習しやすくなります。たとえば、先生が物語を読み聞かせている間は、静かにしていると強化されるということを、自閉症の生徒に教えるために、先生は唇に指を当てた顔の絵カードや写真を見せ、続けて好みの強化子の絵カードや写真を見せることがあります。文字を読むことができる生徒には、文字で書いた規則を見せるでしょう。[10]

自己監視と自己管理

　研究によれば、生徒が自分の行動を監視し管理する場合、支援計画は少しばかり効果が増すことがあります（例えば、Bolstad & Johnston, 1972）。さらに、自己管理は、本人の行動に結果をもたらす人が常にそこにいることを保証します（なぜなら、自分自身に強化や弱化を与えることを本人は教えられている）。さらに、自閉症の人が自己管理技法を使用できると、それは親または専門家が必要とされる時間の削減につながります。自己管理と自己監視は、ほとんどすべての支援を実行するために使えます。

　自己監視と自己管理の詳細については、第5章を参照してください。

10　〔訳注〕エリーサ・ギャニオン「パワーカード」（明石書店）も使えるでしょう。

簡単にまとめると

この章で説明した支援方法のメニューを使って、個々の児童生徒と、その問題提起行動の機能とに応じた支援パッケージを作成しましょう。パッケージに次のものが含まれていることを確認してください。

■先行支援を少なくとも１つ

■代替スキルを少なくとも１つ、そして

■結果に基づく支援を少なくとも１つ

第7章 特別な考慮事項の管理

　自閉症やその他の発達障害の人の行動支援計画を作成するとき、特別な考慮を必要とする場合がいくつかあります。そのような場合、他の状況では効果的であるはずのアプローチを、その状況では無効にしてしまいかねない要因があります。たとえば、2つ以上の機能を持つ問題提起行動であったり、行動支援計画を実施している間にトラウマ的な出来事を経験したりする場合です。どの要因を探すべきかを知り、どう対応するかについての全般的なコンセプトを持つことで、これらの障害物になりかねない事物に直面したときに、効果的な支援を創造することができます。

２つ以上の機能を持つ行動

　問題提起行動の中には、一度に２つ以上の機能を持つものもあります。たとえば、アスペルガー障害の７歳の少年ライリーは、学校のインクルーシブ教室で椅子を投げることがありました。機能アセスメントにより、この行動は２つの目的を果たすことが明らかになりました。すなわち、1）彼が学業（彼には簡単すぎると

思えた）から逃れられる。2）同級生の注意を引ける（適切に注意を引くことが彼には難しかった）。ライリーの問題提起行動に取り組むことは難しい課題でした。なぜなら、教室から追い出されることは、ライリーにとっては退屈な勉強から逃れることになるので、強化子となったからです。同様に、彼の椅子投げはクラスメートから強い注目を集めたので、彼を教室に留めておくことも強化子でした。

　ライリーのようなケースでは、簡単な答えはありません。創造的な計画策定によってのみ、問題提起行動をうっかり強化することを避けることができるのです。ライリーの場合、次の方法を組み込みました。

■ライリーの先生は、共同学習グループを編成して、ライリーが椅子を投げる前に、彼にクラスメートの注意を向けさせました。

■ライリーの先生は、クラスでの授業がライリーには簡単すぎると思われる場合のために、ライリーが自立して完了できる強化的活動のフォルダを作成しました。ライリーには、お気に入りの指導カウンセラーに会いに行くために教室から出たい、と適切に頼むことを教えました。

■ライリーが椅子を投げた場合、彼は必然的に教室から出るよう求められました（彼の行動は同級生の気を散らし、危険だったため）。しかし、クラスでの学習内容はすべて校長室に持ち込まれ、校長室でやり終えなければなりませんでした。その後、彼は強化的活動をさせてもらえず、「退屈な」作業のみさせてもらえました。

■ライリーの行動の結果として生じ得る強化子と弱化子を教えるためのルールブックを、彼に提供しました。

■椅子を投げなかった日の終わりには、必ずクラスの皆の前

で「その日の冗談」を話すことをライリーは許可されました。これはいつも、クラスメートからの大いなる注目につながりました。

■椅子を投げなかった週の終わりには、ライリーは幼稚園のクラスに招かれ、園児に本を読み聞かせました。それもまた大いに注目を集めました。

■クラスメートの注意を引き、それを維持するための適切な方法を教えるソーシャル・スキル・トレーニングを、ライリーは引き続き受けました。

ライリーの問題提起行動を注意深く検討することにより、チームメンバーは、複数の機能を果たす行動という難題にうまく対処しました。ライリーの問題提起行動に対処するために用いた一般的な方法は、複数の機能を果たす問題提起行動への対処に非常に効果的な方法と同じです。

■問題提起行動の生起をできる限り予防する先行刺激を選択しましょう。

■問題提起行動の代替行動を教えましょう（例：指導カウンセラーと話すことを要求する）。

■適切な行動の結果の方が、問題提起行動の結果よりも、必ず多くの強化子を得ることになるようにしましょう。

また、問題提起行動によって手に入れることが習慣になっている強化的な結果事象を、回避できることもあります。たとえば、ライリーの場合、問題提起行動による逃避と、クラスメートからの注目、その両方を回避できました。

同じ機能を持つ多くの行動

　自閉症の人の中には、すべて同じ機能を果たす行動を複数取る人がいます。たとえば、好きなものや活動へのアクセスが許されていないときに、教師を殴ったりつねったりしたアモスの例（p.34）を思い出すでしょう。叩くこととつねることは、アモスの場合は同じ機能を果たしていました。

　この種の状況、つまり同じことを達成するために別の行動をいくつか用いている場合、その機能を果たす1つの行動であるかのように考えて、前章の支援方法のメニューを使うことができます。その1つの行動機能に十分に対処すれば、関連するすべての行動が減少するはずです。アモスの例と同様に、同じ機能を果たすすべての行動に効果を発揮します。ただし、予期しない変化が生じないように、問題提起行動のすべてに関してデータを必ず収集してください。

　人が環境内のさまざまな人や物（さまざまな弁別刺激）に応じてさまざまな行動を取る場合、支援計画を作成する際には、必ず個々のS^D（弁別刺激）について検討しましょう。たとえば、自閉症の生徒が、ある教師を殴って課題から逃避したが、別の教師がいたときには床に倒れて課題から逃避した場合は、支援計画に、両方の行動と、各教師に特有の先行支援とを含めましょう。

強化子の置換

　ある行動が、ある1つの機能を果たすことから始まるのですが、最終的には別の機能を果たすようになるということもあります。言い換えれば、その行動は、最初はある結果事象によって強化さ

れましたが、時間が経つにつれて、別の結果事象によって強化され始めるということです。ある強化子が別の強化子に置き換わったのです。

　自閉症の 9 歳の少年エズラは、問題提起行動を取っていました。これは、強化子の置換の明確な例です。エズラはたくさん唾を吐きました。機能アセスメントのデータから、エズラが唾を吐くのは、その軌跡を見るのが楽しいからだと分かりました。言い換えれば、最初は自動強化機能を果たしていたのです。

　エズラの支援チームは、唾を吐くことの結果事象として、軽い弱化を導入しました。具体的には、唾を吐くことをやめて、吐いた唾を拭き取ることをエズラに指導しました。当初は、この結果事象により効果的に唾吐きが減りました。しかし、エズラはすぐに気づきました。つまり、楽しくない活動の最中に唾を吐くと、その唾を拭き取らなければなりませんが、そのことで課題は遅れるということです。残念ながら、エズラにとって、課題のいくつかは、唾を拭くことよりも楽しくはありませんでした。これらの課題の間、エズラはほぼ絶え間なく唾を吐き始めました。唾を吐いてから拭き掃除をするまでの間に、指導セッションの時間を使い果たし、やりたくない課題を完全に回避できました。この時点で、唾吐きはもはや自動強化機能を果たさなくなり、逃避機能を果たすようになったのです。

　実施している支援を注意深くモニターすれば、問題提起行動が増加し始めたかどうかは、すぐにわかります。増加し始めたということは、強化子が置き換わったことのサインかもしれません。第 10 章で説明しているトラブル解決方法を用いて、問題提起行動が増加した理由を確定しましょう。強化子の置換が原因である場合は、支援を修正する必要があるでしょう。エズラの場合、支援計画を変更しました。先生はエズラが唾を吐くことを無視し、課

題をもっとやさしくて興味を引くものにしました。さらに、たっぷり非随伴的なスケジュールで、流しに水をスプレーできるようにしました。このような修正により、エズラの唾吐き行動を十分に除去することができました。

　要約すると、行動支援計画の実施過程で問題提起行動が新しい機能を持った場合は、その新しい機能を特定し、新しい機能に対処する行動支援計画の作成を最初からやり直さなければなりません。

成功している支援の、病気やストレスによる中断

　支援は順調に進んでいても、自閉スペクトラム障害の人が病気になったり、ストレスの多い出来事を経験したりすることも、時にはあります。そういう場合、支援を続行するべきかどうかを尋ねられることがよくあります。

　この質問には、一人ひとりに応じて回答する必要があります。あなたはまず本能的に本人に「手加減する」かもしれませんが、これは常に最良の選択であるとは限りません。第5章で取り上げた研究結果（Dozier et al., 2007）を考えてみましょう。子どもたちは、行動療法を受けないよりも受ける方を実際には好んだのです。また、育児に関する文献でも、子どもは放任型の養育者ではなく、限界設定型の養育者を好むことが、長い間強調されてきたということも考えましょう。実際、行動支援計画を適切に続けることは、計画を一時的に中断または中止するよりも、自閉症や関連障害のある人にとってはストレスが少ないことがあります。

　そうは言っても、既知のセッティング事象に応じて、計画を少し変更することが適切な場合もあります。 たとえば、本人に立て続けに要求することを少なくしたり、強化を提供するまでの遅

延時間を短くしたりすることができます。この方針に沿って変更を加える場合には、必ずチームメンバー全員に書面で変更を伝え、全員が本人の行動に同じ対応をするようにしましょう。

グループでの行動支援の実施

　グループまたは公共の場で、個別の行動支援計画を実行することは、困難な場合があります。第1に、計画を適切に実施することが難しい場合があります。そして第2に、グループでは、あなたの手が他に取られる可能性があるので、問題提起行動を取っている人に個別に注意を向けることが難しくなります。特に、インクルーシブな教室の生徒の保護者や教師は、この種の課題を克服することについて質問することがよくあります。

グループ・メンバー全員に益となる支援

　グループで実施する行動支援を計画するとき、考慮すべき最初の問いは、支援の構成要素は、グループ全体にとって益となるのか、それとも本人にとってだけなのかということです。

　自閉症の当事者だけを支援対象者にしないで、グループ全体に支援することを考える必要があります。たいていは、グループ全体が益を受けます。たとえば、ライリーを考えてみましょう。彼の椅子投げは、ひとつには「退屈」だと彼が感じた課題に関連していました。彼の行動支援計画のひとつとして、質を上げた課題を与えました。実際には、クラスのすべての生徒がその変更の恩恵を受けたことでしょう。生徒全員がカリキュラム以上のことをする<u>必要</u>はないのですが、この課題を<u>利用可能にすること</u>から生徒全員が恩恵を受けるでしょう。たぶんある生徒が退屈している

なら、他の生徒も退屈しているでしょう。自閉症の生徒が他生徒と違うのは、退屈していることを隠すためのソーシャル・スキルに乏しいという点です。

ある支援は、グループ内の1人にのみ必要な支援なのかもしれませんが、グループ・メンバー全員にとって無害、あるいはむしろ有益なものかもしれません。役に立つ可能性のある支援のリストには終わりがありません。次のリストは、インクルーシブな場面で、簡単かつ役に立つ形で実施できる支援の構成要素のサンプルです。

■協力学習グループを形成しましょう（同級生が注意を向けます）。
■挙手していないときに生徒に声をかけましょう（教師が注意を向けます。それが課題への取り組みを増やし、その結果、課題からはずれる行動の機能をすべて減じます）。
■生徒に尋ねる質問の複雑さを個別化しましょう（課題の難易度のレベルを調整します。これにより、課題への取り組みを増やし、その結果、課題からはずれる行動の機能をすべて減じます）。
■生徒のお気に入りの話題や資料をカリキュラムに組み込みましょう（たとえば、ポップスターに関する数学の文章題を授業で出します）。注：本人のお気に入りの話題が、生徒間で人気のある他の話題と重なっている場合、その話題が特定の生徒のために選択されたということは誰にも分からないでしょう（課題と強化を対提示します）。
■黒板に指示を書くか、複雑な課題をステップに分解して黒板に書きましょう（課題の難易度のレベルを調整します。これにより、課題への取り組みを増やし、その結果、生徒の課題からはずれる行動の機能をすべて減じます）。
■特定の行動や成果に関して、クラス全体に強化子を与えましょう。たとえば、すべての生徒が教師の要求に応じられた

ら（たとえば、期日までに複雑なプロジェクトを終了する）、ピザ・パーティを開けるなど（生徒は目標に向かって互いにプロンプトし、強化し合い、その結果、クラスメートからの注目を得る。課題に取り組む行動と強化の対提示）。

■教室でチームを結成し、チームが共に強化子を目指してポイントを獲得できるようにしましょう。たとえば、チームが指示に応じる、課題を完了する、授業に参加することで、宿題免除を獲得できるようにします（生徒たちは目標に向かって互いにプロンプトし、強化し合い、その結果、クラスメートからの注目を得る。課題に取り組む行動と強化の対提示）。

■違いを受け入れ、クラスメートに親切にし、クラスメートを仲間に入れることに関して、クラス全体の明確な期待やルール、強化システムを作りましょう（自閉症の生徒を受け入れる文化を高め、教育環境と強化を組み合わせ、クラスメートからのポジティブな注意注目を増やし、自閉症の生徒が適切にやりとりしようとする試みに対するクラスメートの受容力を高めましょう）。

　上記のアイデアのリストは、決して網羅的なものではなく、自閉症の生徒たちの行動支援計画の構成要素を、より大きなグループにとって益となるように適合させる方法のアイデアのきっかけとするためです。クラス全体の期待、さらには学校全体の期待を設定することについての更なる情報は、Robert Horner と George Sugai（2005）による学校全体でのポジティブ行動支援の実践に関する要約を読むか、ポジティブ行動支援のウェブサイト：https://www.pbis.org/ を覗いてください。

　自閉症や関連障害のある生徒が、問題提起行動を取り、支援を必要とする生徒が他にもたくさんいるグループに属することがあります。特別支援学級は、この種の状況のよくある例です。この点はグループホームもしかりです。この種の状況では、グループ

でのもっと明示的な随伴性（適切な行動と不適切な行動の両方に関しての結果事象）がしばしば成功します。

《レベル・システム》は、グループでの明示的な随伴性の一例です。レベル・システムでは、指定された適切な行動（課題の完了や授業への参加など）を取ると、その生徒は特権の階層表のレベルを上に移動させてもらえ、指定された不適切な行動を取ると、その生徒は特権の階層表のレベルを下に移動させられます。

たとえば、教室にはさまざまなレベルがあります。最高レベルでは、教室内の休憩時間に、さまざまな本やゲーム、工芸品から選ぶことができます。生徒が十分に早く課題を終えれば、自身の充実した活動を選ぶことができるでしょう。他の生徒よりも宿題が少なくなるかもしれません。対照的に、最低レベルの生徒は休憩中にできる活動は限られたものにしかならないかもしれず、課題中に席から立ち上がることができないかもしれません。さらに、宿題はすべて完了させなければならないでしょう。レベルが上がるたびに、特権と強化子の増大にアクセスできるようになります（詳細については、参考文献の Smith & Farrell, 1993 を参照）。

レベル・システムは、行動に関して多くのニーズを持っているグループに役立つことがよくあります。なぜなら、グループと個別、両方の行動目標と強化子を、レベル・システムにつなぐことができるからです。

グループ・メンバーの一人にだけ益となる支援

自閉症あるいはその他の障害の人を含むグループなら、どれでもグループ支援の恩恵を受けられるというわけではありませんし、支援の中にはグループで行うことができないものもあります。そのような場合、問題提起行動を取っている人の烙印を最小限にと

どめ、グループの他のメンバーのリソースの損失を最小限にとどめるべく、個別化した支援を策定することが重要です。この難題にも、簡単な答えはありませんが、自覚と創造性は賢明な支援につながります。以下も、考慮すべき方法のサンプルのリストです。やはり網羅的なリストではありませんが、あなたが遭遇するかもしれない具体的な状況に関してアイデアのきっかけにはなるでしょう。

- ■最初の段打には1番目のブラインドを下ろし、2回目の段打には2番目のブラインドを下ろすなど、本人用にコード化した警告信号を決めましょう。
- ■本人の本や机、学用品に、適切な行動について書いた付箋を貼りましょう。
- ■自己監視や自己管理を教えましょう（第5章を参照）。
- ■本人が自立して慎重に使用できるように、材料（難易度別課題フォルダー、行動チャート、強化子など）を本人の課題用材料と一緒に保管しましょう。
- ■本人のそばに（本人の耳に聞こえる距離）にいる人に、指示や規則を思い出すように言い、実は本人が規則を思い出す必要がある人なのだと言うことが、他の人にはわからないようにしましょう。
- ■活動に入る前に、自閉症の人を脇へ連れ出し、規則や指示を再確認しましょう。
- ■「シーッ」のサインなどの視覚的プロンプトを表示したインデックス・カードを慎重にサッと見せましょう。
- ■ポケットに小さなメモ帳を入れておき、強化に向けてのポイントやその他のトークンの獲得状況をメモに書いて、本人にそれをチラッと見せましょう。

繰り返しますが、上記のアイデアは決して網羅的なものではあ

りません。しかし、《内密の》行動管理に関するアイデアのきっかけにはなるでしょう。

第8章 行動支援計画の効果測定

　行動計画が整ったら、それが機能していることを確認したいと思うはずです。問題提起行動が実際に変化することを確認するために、これまで一所懸命取り組んできました。支援の成功を保証する鍵は、継続的な測定です。おそらく機能アセスメント中に測定方法を選択したことでしょう。同じ基準で比較できるように、支援全体を通して、その測定方法を使い続けます。つまり、この比較により、問題提起行動が支援前と支援後で異なるかどうかがわかるのです。

　具体的に何を測定するかを選ぶ際の手助けについては、『自閉症の人の機能的行動アセスメント（FBA）――問題提起行動を理解する』を参照してください。その本には、支援チームが、問題提起行動を定量化する方法を決定する上で役に立つことが、具体的に説明されています。さらに、行動計画がうまくいっていることの確認に、これらの測定ツールをどう用いるかも説明されています。

ベースライン・データの収集

　行動支援計画実施の最初のステップは、《ベースライン》を特定することです。ベースラインは、支援前の標的行動を描きます。それは、「その行動を変えるために何かをする前の、その行動の強さはどうだったか？」という問いへの答えです。言い換えれば、支援しなかった場合、その行動はどのくらいの頻度と強度で生じるかということです。

　ベースライン・データを巡る最もよく聞く神話は、データを収集している間は、問題提起行動を無視するべきだというものです。しかし、これまでは無視しなかった行動を突然無視することは、実はそれ自体が支援です。その行動の結果事象は変化してしまいます。`

　そうではなく、ベースライン・データ収集中も、まったく普段どおりにその行動に対応し続けましょう。これまで何をしていたとしても、それを続けましょう。私の経験では、あなたが以前していたようにするということは、しばしば「行き当たりばったり」な対応、または毎回異なる対応をするということを意味します。ベースライン・データを収集している間は、一貫性のなさは問題ではありません。そういうことが、これまで起こっていたのであるなら、そのことは、ベースライン・データ収集中に変化してはならない条件なのです。

　多くの場合、支援チームは、安定した最新のベースラインを確定するために、機能的行動アセスメント中に開始したデータ収集を継続します。換言すると、機能アセスメントの一部としてデータを収集したのなら、そのデータをベースラインの始まりとして使えます。このやり方を強くお勧めします。

ベースライン・データからどのような情報が得られますか？

　ベースライン・データは、問題提起行動の３つの重要な特徴を教えてくれます。

　1．レベル
　2．傾向
　3．変動性

行動のレベル

　行動の《レベル》は、問題提起行動の一般的な強さを指します。これは、行動が生起する頻度や速度、強度とも言えます。多くの場合、ベースラインを測定することで、支援チームは、ある行動がかつて考えていたほど煩わしくはないことを確認できます。あるいは、ベースライン・レベルは、支援の緊急性をチームに警告

図5　低レベル行動のグラフ

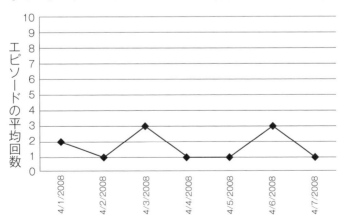

手をヒラヒラさせるエピソードの１時間あたりの平均回数

することもあります。

　図5は、低レベル行動の例です。もしこのグラフが、攻撃性などの非常に侵襲的な行動を測定しているなら、この低レベルでも高すぎて、支援が必要になるかもしれません。しかし、測定されている行動、すなわち手をヒラヒラさせる行動の影響はさほど大きくはないため、このレベルでは支援は必要ないことを示しています。

行動の傾向

　行動の《傾向》とは、行動が向かう方向を指します。換言すれば、行動は強くなったり、弱くなったり、同じままだったりするかということです。ある行動が悪化しつつあったり、高レベルのままだったりする場合は、支援が必要です。

　しかし、ベースライン・データから、問題提起行動が自然に解決しつつあることが明らかになることもあります。と言うことは、現在の環境要因が何であれ、それはまさにその行動がなくなるために必要なものなのです。この場合、支援を導入して環境を変えると、かえって行動が強くなる危険性があります。

　時には、行動は弱まりつつあるかもしれませんが、ペースが遅過ぎるということがあります。こういう場合、チーム・メンバーは、進行中の改善を狂わせる危険性を認めつつも、支援する価値があると判断することがあります。

　モニターしている行動の方向を判断するには、行動パターンを示すのに必要なだけの時間をかけて、ベースライン・データの収集を続ける必要があります。パターンを確定するために必要な時間は、ケースごとに異なります。そのため、FBA中に収集したデータを継続収集することが常に賢明な選択なのです。図6は、行動が増加している場合の例です。これが望ましくない行動の場合は、

図6　行動の増加を示すグラフ

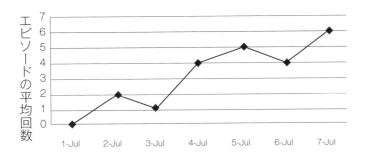

手をヒラヒラさせる行動エピソードの１時間あたりの平均数

支援が確実に必要になります。

行動の変動性

　行動の変動性とは、行動が時々刻々とどのように変化するかを示すものです。行動がほぼ一定のレベルにとどまるか、かなり一貫した成長曲線に従うかする場合、チームは、行動に影響を与える要因が各設定場面に渡って一貫していることを確信できます。行動が変動しやすい場合、つまり、非常に強いこともあれば非常に弱いこともある場合、ある特定の設定場面または状況に固有の何かが行動に影響を与えていることの手がかりになります。日常的な例を挙げると、友人との夕食の場では、会議の場で話すときよりもはるかに多くのスラングを使用する可能性があります。同様に、自閉症の生徒は、ある教室では別の教室でよりも多くの問題提起行動を取ることがあります。あるいは、アスペルガー障害の生徒は、一部のクラスメートといるときは、他の状況での行動とは異なる行動を取ることがあります。

　傾向が最終的に明らかになると、行動が減少していることが判

図7　変動データのグラフ

手をヒラヒラさせる行動エピソードの１時間あたりの平均数

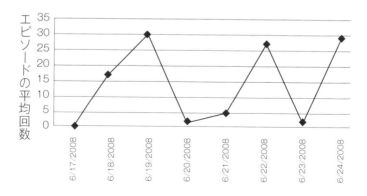

明することもあるので、支援する前に安定するための時間をある
程度与えるとよい場合があります。あるいは、データ・ポイント
にラベルを付けると、どの設定のどの要素が行動の違いに寄与し
ているかが分かることがあります。図７は、変動データの例です。

行動支援中のデータ収集

　ベースラインが確定すると、支援を開始する準備が整います。
支援が始まったら、ベースライン期間中に使ったのと同じやり方
で、同じタイプのデータを収集し続けましょう。

　ベースラインのデータを、行動計画を実行する間の意思決定に
役立てることもできます。測定することによって、別々の３つの
基準を選択する必要があります。

　１．再評価の基準

　２．フェイディングの基準

　３．習得の基準

1．再評価の基準

　再評価の基準を設定するときは、どのような状況で行動計画を再評価するかを決めます。具体的には、計画がうまくいっていないことの判断基準として、行動増加のレベルまたは割合を決めます。ベースライン・グラフは、この基準を決めるのに役立ちます。トレンド・ラインを描く方法を知っているなら（クーパー、ヘロン、ヒューワード『応用行動分析学』の256-258ページを参照）、1〜2週間でデータを推定します。正確なトレンド・ラインを描く方法がわからない場合は、定規を使用してトレンド・ラインを推定できます。トレンド・ラインから、支援がないと行動はどうなるかを推定できます（以下の図8を参照）。

　次に、計画を実行する期間を決定しましょう。この決定は、行動の重大さと計画の複雑さに基づいて行うべきですが、2週間を

図8 傾向線を示すグラフ

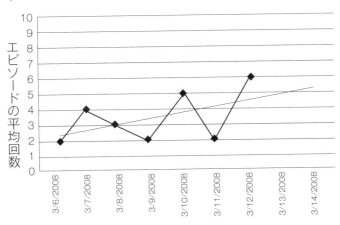

手をヒラヒラさせるエピソードの1時間あたりの平均回数

超えないようにします。指定した日までに、行動が、支援がない
場合と同じレベルに達したなら、計画を再評価するべきです。

2．フェイディングの基準

　次に、計画にはフェイディングの基準を含めなければなりませ
ん。これにより、支援を減らしてもよいほど十分うまくやれてい
るかどうかがわかります。たとえば、何かをしたいときに手をヒ
ラヒラさせるエマへの支援の一つとして、活動を適切に要求でき
たら、それを即時強化することが考えられます。そして、エマの
フェイディング・ステップの１つを、強化の５秒遅延とするかも
知れません。

　問題提起行動の、指定された減少パーセンテージに基づいて、
フェイディング・ステップの決定を検討しましょう。また、行動
計画のフェイディングを開始するまでに、行動が特定のレベルを
維持していなければならない期間を設定することも検討してくだ
さい。例えば、フェイディング基準を、問題提起行動が25％減少し、
それが３日間連続して維持されるとするなどです。すべての計画
ですべての構成要素をフェイディングする必要はないことを忘れ
ないでください。たとえば、授業に退屈したときに椅子を投げる
ライリーは（第７章）、退屈しないように、常に内容の充実した学
習にアクセスする必要があります。

3．習得の基準

　最後に、習得基準を確定する必要があります。これは、どのレ
ベルになると、その行動に支援する必要がなくなるかを指定する
ものです。習得基準は、フェイディングのさまざまなステップを

進め、行動がある特定のレベルで一定期間維持されたら達成されたことになります。

　危険な行動は完全に撲滅する必要があるでしょう。たとえば、好きなものが手に入らなかったら、他の人を殴ったり噛んだりするアモスの習得基準の例は、「6か月間殴ったり噛んだりしない」となるかもしれません。

　対照的に、危険ではない問題提起行動は、レベルが低くなれば許容されます。たとえば、私の同僚が関わっていたある生徒は、授業での課題を完了すると、先生との答え合わせを何度もしていました。この生徒の習得基準は、課題ごとにできる質問は1つだけというものでした。

　習得基準を設定するときは、本人の機能を妨げない限り最高レベルに設定しましょう。換言すれば、行動は原則だけに基づいて除去するべきではありません。ただし、本人や他者の活動に害を与えたり、妨害したりしないレベルまでは軽減する必要があります。たとえば、私が関わっていたある生徒は、さまざまな布地の感触が好きで、ある特定の布地に触れるために、急に部屋（または通り！）を横切って走り出すことがあります。最終的に、この生徒は毎朝数枚の布切れを選んでポケットに入れ、一日中その感触を楽しむことを習得しました。これにより、彼女の行動は消滅してはいませんが、許容できるレベルになったのです。

データのグラフ化

　上述のことからわかるように、グラフは行動支援パッケージの重要な要素です。それは意思決定に不可欠です。計画に関する選択のほとんどすべては、グラフを見ながら行うべきです。私の経験では、グラフを作成する際に最もよく見られるつまずきは、グ

ラフは完璧なものにしなければならないという思い込みです。それは放っておきなさい。グラフは、実用的で使いやすいものにするべきです。魅力的なものである必要はありません。そのために、次のことをお勧めします。

1. すべてのグラフに方眼紙と鉛筆を使いましょう。一枚の紙に点を打つだけなら、ほとんど時間がかかりません。労力をほとんど必要としないため、チームの全員が毎日自分のデータをグラフ化する可能性が高くなります。

2. 各チーム・メンバーに、自分のデータをグラフ化するよう、しかもすぐにするよう依頼しましょう。これにより、各チーム・メンバーは毎日グラフを見ることになり、行動の最新の傾向を把握できます。

3. 各チーム・メンバーをトレーニングして、グラフを自分で作成し、自分で読めるようにしましょう。チーム・メンバーは、グラフが何を意味するのかが分かれば、グラフを見て、グラフを最新の状態に保つ可能性がはるかに高くなります。また、実際のグラフの上または横に、決定ルール（行動のフェイディングに関するルールや行動支援計画の再評価に関するルール）を掲示しましょう。

4. グラフ、鉛筆、および定規（必要な場合）を、チーム・メンバーが容易に手に取れるようにしましょう。

5. グラフを作成する際には、次のステップに従いましょう。

   a. 方眼紙を1枚取る。

   b. 問題提起行動の名称を上部に記入する。

   c. 定規を使って横線と交差する縦線を描いて、横軸およびそれに交差する縦軸とする。正方形の2辺のように見えるはず。

   d. 横軸の名称を「日付」とする。グラフ用紙の縦線が横軸

と交差する各点に、データを収集する日付を記入する。たとえば、学校用の計画の場合、各登校日を記入する。

e. 測定している行動の名称を縦軸に付ける（例:「合計殴打数」または「1分あたりの頭部殴打数」）。グラフ用紙の横線が縦軸と交差する各点に、行動の適切な測定値をマークする（たとえば、合計殴打数、独語エピソードに関するインターバルのパーセンテージ、1分ごとの頭部殴打の割合、かんしゃくの持続時間（分））。

f. グラフ化するには、日付とその日の行動の測定値との交わるところに点を記入する（図9を参照）。

図9　手描きのグラフ

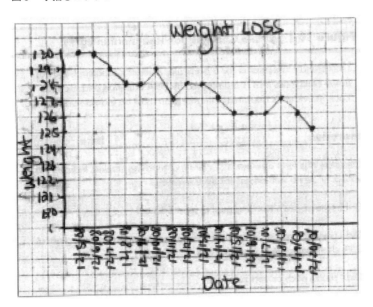

計画がうまくいっていないことがデータから分かる場合はどうなりますか？

　さて、注意深く測定すると、支援計画がうまくいっていないことに気づくことがあるでしょう。そうなったときは、以下の手順を実行しましょう。

　1．支援の完全性をチェックしましょう。計画は意図された通りに、そして計画書に書かれた通りに実施されていますか？（チェックリストの見本については、図10を参照してください。）ほとんどの場合、支援の完全性に関してのエラーが計画の失敗の原因です。

　2．支援の完全性は問題ないのに、計画がうまくいかない場合は、問題提起行動の機能を再検討しましょう。機能が変わったのでしょうか？　機能は正しくアセスメントされていますか？

　3．機能は正しくアセスメントされたと思われる場合は、選択した支援が実際にその機能に取り組むものになっているのかを再アセスメントしましょう。たとえば、機能アセスメントによって、ハンナのトイレの問題は注意を引く手段として生じていることが明らかになった場合、トイレを適切に使用することをシール表で強化することは効果的ではなさそうです。さらに、代替スキルを検討して、それが本人にとって適切なレベルのものかどうかを判断しましょう。上記の例では、言葉で要求することがハンナには非常に難しい場合、代替スキルとしてトイレ使用の要求を言葉でさせることは不合理なことです。

　上記の手順を実行しても計画がうまくいかない場合は、考えら

れる追加説明について第10章を参照してください。

図10　支援完全性チェックリストの例

（このチェックリストの見本は、ある生徒の注意獲得と逃避の両方によって維持されている教室内問題提起行動に関するものです。実際には、各人の支援の完全性についての案は、個別化する必要があります。）

指導者：＿＿＿＿＿＿＿＿＿＿＿　　　　日付：＿＿＿＿＿＿＿＿＿

各々の指導セッションの後で、この用紙を完成させてください。各質問について、「はい」は「y」と、「いいえ」は「n」と記入します。

各学習目標を少なくとも5回練習しましたか？　＿＿＿＿＿＿＿

難易度の高い課題と低い課題を混ぜて提示しましたか？（約25％は難易度の高い課題で、75％は難易度の低い課題）　＿＿＿＿＿＿＿

正しい答えの一つ一つを賞賛しましたか？　＿＿＿＿＿＿＿

生徒が好む方法でやりとりをしましたか？（たとえば、きわめて快活に）

＿＿＿＿＿＿＿

可能な限り、教材に普段の環境を利用しましたか？　＿＿＿＿＿＿＿

少なくとも2分ごとに生徒とはしゃぎましたか？　＿＿＿＿＿＿＿

少なくとも10分ごとに、友だちとのやり取りの機会を利用または創出しましたか？　＿＿＿＿＿＿＿

エラーのたびに合意された修正手順を使いましたか？　＿＿＿＿＿＿＿

第9章 行動支援計画書の作成

　本書をここまで読み進んで、うまくいけば、あなたが直面している一見無意味な行動に対する賢明な支援のアイデアがいくつか出てきたことでしょう。ただし、賢明な支援には、多くの場合、複数の構成要素があり、重要なニュアンスを含む可能性があることに、読者は気付かれたと思います。さらに、脱学習理論に関するあなたの経験から、児童生徒の問題提起行動をうまく変えるには一貫性が重要なことがお分かりになったと思います。問題をさらに複雑にするのは、支援チームに支援者がたいてい何人かいるということです。

　不正確または一貫性のない実施によって、あなたの努力とよく練られた支援が無駄にならないように、チームに実行してほしいことを正確に書き留めることが不可欠です。このプロセスを簡素化し、支援のすべての手段が検討されていることを再確認できるように、行動支援計画書を作成します。この章の最後に載せた用紙には、さまざまな小見出しの説明を加えています。付録Bは、実際の支援計画に使用できる未記入の複製可能な用紙です。

　さらに、覚えておいででしょうが、本人や保護者の同意を得ず

に支援計画を実施することはできないということを、第5章で指摘しました。クライエントが真の同意をするためには、提案された計画と、考えられるリスクおよび利益を理解する必要があります。また、自由に同意を断ることもできます。自閉症の人や親は、同意を拒否しても自分たちへのサービスには影響はないということを理解している必要があります。読者の便宜のために、支援を開始するための同意書の見本を次のページに掲げました。行動支援計画書の添付文書としてこの用紙を使うことができます。この用紙は自由に複製して、自閉スペクトラム障害の人や親に、行動支援計画を説明するために使用してください。

行動支援計画を開始するための同意書

＿＿＿＿＿＿＿＿＿＿＿＿＿＿＿ 様　　　　日付：＿＿＿＿＿＿＿＿

添付の　＿＿＿＿＿＿　様の行動支援計画案のコピーをご覧ください。

添付の計画が成功した場合、次のようなメリットが期待されます：

＿＿＿＿＿＿＿＿＿＿＿＿＿＿＿＿＿＿＿＿＿＿＿＿＿＿＿＿＿＿＿＿＿

＿＿＿＿＿＿＿＿＿＿＿＿＿＿＿＿＿＿＿＿＿＿＿＿＿＿＿＿＿＿＿＿＿

＿＿＿＿＿＿＿＿＿＿＿＿＿＿＿＿＿＿＿＿＿＿＿＿＿＿＿＿＿＿＿＿＿

ただし、どんな行動支援計画にも、それに関連するリスクの可能性があります。この計画に関連するリスクは、次のとおりです：

＿＿＿＿＿＿＿＿＿＿＿＿＿＿＿＿＿＿＿＿＿＿＿＿＿＿＿＿＿＿＿＿＿

＿＿＿＿＿＿＿＿＿＿＿＿＿＿＿＿＿＿＿＿＿＿＿＿＿＿＿＿＿＿＿＿＿

＿＿＿＿＿＿＿＿＿＿＿＿＿＿＿＿＿＿＿＿＿＿＿＿＿＿＿＿＿＿＿＿＿

この計画をご確認のうえ、ご質問がある場合は支援チーム・リーダーにお知らせください。

チーム・リーダー：　＿＿＿＿＿＿＿＿＿＿＿＿＿＿＿＿＿＿＿＿＿

チーム・リーダーの連絡先：　＿＿＿＿＿＿＿＿＿＿＿＿＿＿＿＿＿

　計画に書かれている用語と手順のいくつかについては、ご存知ないかもしれません。あなたがこれに署名する前に、あなたの支援チームのリーダーが同席して、すべての手順を説明します。それでも疑問がある場合は、引き続き質問してください。署名される前に計画を理解されることが、非常に重要です。この計画に同意できない点や心配な点がある場合は、チームが協力してその点に関して対処します。この用紙に署名されない場合でも、あなたまたはあなたの家族が受けるサービスには何ら影響はありません。

添付の行動支援計画に同意します。

（日付）　　　　　　　　　　　　　（署名）

行動支援計画書と説明

セクション1：背景と機能アセスメント情報

（このセクションについては，『自閉症の人の機能的行動アセスメント（FBA）——問題提起行動を理解する』の181-183ページを参照のこと。）

子ども/クライアントの氏名：＿＿＿＿＿＿＿＿＿＿＿＿＿

支援チーム：

支援に関わるすべての人を含める。これには，問題提起行動が生じたとき，または先行支援を実行する可能性があるときに存在すると考えられるすべての成人を含める必要がある。これにより，すべての関係者がトレーニングを受け，計画に関する重要なコミュニケーションに精通していることが保証される。問題提起行動が生じたときに，その場に保護者がいる可能性が低い場合でも（たとえば，学校での行動を見られない親の場合），保護者も常にチームの一員と考え，常に情報を提供し，発言を許すべきだということを忘れないこと。

チーム・リーダー：

この人が支援中の連絡先になることを確認すること。具体的には，質問や懸念が生じた場合に，すべてのチーム・メンバーからこのリーダーは連絡を受け，異常な状況についてすべて報告を受け，データを常に把握し，必要に応じて計画を変更する責任を負わなければならない。

問題提起行動：

　問題提起行動の「操作的定義」を用いること。言い換えれば、その問題提起行動を見た人は誰でも、その行動だと認識でき、他の行動とは区別できるように、その問題提起行動を説明すること。この定義は、チーム・メンバーがその行動を測定およびカウントするのに役立つはずである。

測定計画：

　ベースライン中に選んだ測定値を引き続き使用して、支援前後の問題提起行動の比較を継続的に実施できるようにする。

行動に取り組む理由：

　該当するものをすべて選択してください：

　　□ 自己への危険　　　　□ 他者への危険
　　□ 物的損害のリスク　　□ 本人への非難や排除
　　□自身の適応行動（すなわち、友達を作る、学習などの目標を成功裏に達成する能力）を妨げる
　　□他者の適応行動を妨げる
　　□その他 _____

使用した機能アセスメント方法：

　このセクションに記入するには、FBA に戻ってそれを参照してください。（『自閉症の人の機能的行動アセスメント（FBA）——問題提起行動を理解する』の 181-183 ページを参照のこと。）

□非構造化観察　　　　　□構造化観察
□インタビュー　　　　　□記述分析
□仮説検証　　　　　　　□機能分析
□その他 _____

行動の機能：

　該当するものをすべて選択してください：
　　□注意を引く　　　　　　　□何かから逃避/回避する
　　□モノ/活動へのアクセスを獲得する　　□自動強化
　　□特別な考慮事項 _____
　　第7章の特別な考慮事項を参照してください。

セクション2：先行事象に基づく支援

特定したセッティング事象：

　セッティング事象チェックリスト（付録A）を使用する。

セッティング事象に対して計画した対応：

　第3章の提案を使用する。

動機づけの支援：

　問題提起行動の EO を減らし，AO を作る（提案については，第3章を参照のこと）。

その他の先行支援：

　弁別刺激の変更を考える（提案については，第3章を参照のこと）。

セクション3：機能的代替案の指導

代替スキルの指導：
第4章の提案を使用する。

セクション4：結果事象に基づく支援
以下のセクションは、児童生徒、またはクライアントに適用するもののみ記入する。

強化に基づく支援：
第4章（DRI、DRA、DRH）および第5章（DRL、DRO）で説明したさまざまな分化強化スケジュールを検討する。

消去に基づく支援：
問題提起行動の強化をやめるかどうかを決める。そのやり方を具体的に書く（たとえば、ジョーイが「チーズクラッカー！」と叫んでも、2分以内にはチーズクラッカーを与えてはならない）。

弱化に基づく支援：
必要に応じて、第5章で説明した正の弱化と負の弱化の両方を検討する。

セクション5：計画を軌道に乗せる

計画を再評価するための基準：
問題提起行動の増加、または問題提起行動の不十分な減少を再評価するまでの期間を設定する。

計画をフェイディングするための基準：

　計画をあまり介入的ではないレベルにとフェイディングする前に、本人が問題提起行動のレベルを一定の低さで維持すべき期間の目標を設定する。フェイディングの具体的な手順と、もっと介入的なレベルに戻す場合の基準を必ず決める。

習得の基準：

　もはや計画は必要ないと判断するための行動基準を設定する。

危機介入方法：

　必要に応じて、行動が危険になった場合の対処方法を書く。第10章の予想外の危険な行動の説明を参照のこと。

行動計画にグラフを添付する

　支援開始を示すために、フェイズの変更ラインを追記したら、アセスメントとベースライン・データのグラフを使うことができる。

行動計画のグラフを添付してください。

第10章　よくある質問

1．行動支援計画が、しばらくの間はうまくいきましたが、その後問題提起行動が再発した場合はどうするべきですか？

　こういうパターンは、３つの問題のいずれかの可能性があります。第１の可能性は《手続きの横滑り》です。これは、時間の経過とともに確定した計画から逸脱していく傾向のことです。言い換えれば、計画を文字通り正確に実施することから始めますが、時間が経つにつれて、少しずつ気が緩んでいきます。これは、問題提起行動に対して支援する場合に特に危険なことです。なぜなら、行動が改善すると、支援チームは、計画を実施する際の緊張感を失う可能性があるのです。別の問題提起行動が生起し、それに対処している間に、元の問題提起行動がゆっくりと再び増大していくのです。ですから、フェイディングに基準があることには理由があるのです。チームがフェイディングの基準を貫くのを手伝いましょう。

　第２の可能性は、強化子の置換です。第７章で説明したように、

これは、その人の問題提起行動が、FBAで最初に特定した要因/機能によってではなく、他の何かによって強化されていることを意味します。たとえば、元々自動強化によって維持されていた行動は、自己刺激行動にふけっているときに、好きな活動へ繰り返し再指示されると、その活動へのアクセスによって強化される可能性があります。支援の完全性をアセスメントしましょう。もし本当に支援計画は意図したとおりに実施されているなら、問題提起行動の新しい強化要因が出現したかどうかをアセスメントしましょう。

　最後に第3の可能性として、支援計画は1つの強化子に頼り過ぎていたのではないかをアセスメントしましょう。たとえば、ポテトチップスを手に入れるために取った問題提起行動に対して、その解決のためにあなたは支援計画を策定したことでしょう。しかし、強化子としてポテトチップスを常に用いていると、時間がたつにつれてポテトチップスに飽きてくるかもしれません〔飽和状態〕。言い換えれば、子どもは最終的に、その強化子にうんざりするかもしれません。そういう場合には、代替強化子を導入すればよいのです。

　計画を作成する際に、子どものEOを変えることで、この問題を回避することもできます。つまり、強化子を与える頻度と、同じ機能を果たすさまざまな強化子を与えることの可否について考えましょう。上の例では、毎回ポテトチップスを与えるよりも、さまざまなスナックや飲み物を与える方が効果的です。

2．支援計画がある状況ではうまくいくが、別の状況ではうまくいかない場合はどうするべきですか（たとえば、読書クラスではうまくいきますが、美術クラスではうまくいき

ません)。

　この場合、両方の状況を慎重にアセスメントしましょう。支援計画の実施の仕方が、状況によって異なっている可能性があります。各状況での支援の完全性を確認してください。違いを発見できない場合は、問題のある状況を注意深く調べて、考えられる弁別刺激（問題提起行動の引き金となる状況）を特定しましょう。その状況には、機能アセスメント中に見落としていた手がかりがあるはずです。

3．支援計画はうまくいっているが、新しい問題提起行動が生起した場合はどうするべきですか？

　元の行動が減少するにつれて、新しい問題提起行動が生起した場合、それはおそらく 2 つのことを意味します。

■支援計画にある結果事象は、本人の行動を変える上で十分意味があった。しかし、

■元の問題提起行動の機能が、代替行動では果たされていない。

　言い換えれば、元の問題提起行動によって得ようとしていたものは、それが何であれ手に入れたいという動機づけは続いており、しかも弁別刺激はまだ目の前にありますが、自分が望むものを手に入れるための効果的な手段がないのです。新しい問題提起行動は、おそらく本人が望むものを手に入れようとするもう一つの試みです。たとえば、食料品店のチェックアウトの列で、キャンディーがほしくて叫ぶということをしてきた子どもが、叫ぶことがもはや効果がないと分かったら、今度は床を転げ回って泣くかもしれません。

　次の場合、新しい問題提起行動を解決できるはずです。

■先行事象に取り組む（問題提起行動に先行し、問題提起行動を引き起こす可能性のある事象を変える）。

■代替スキルを教える（欲しいものを手に入れるための新しい方法を提供する）。

しかし、新しい問題提起行動は偶然に生起した可能性もあるため、まずは機能アセスメントを確実に実施しましょう。

4．教育機関（学校、グループホーム、デイ・プログラムなど）に機能的行動アセスメントと行動支援計画をどのように要求しますか？　それをそこが適切に行っているかどうかをどうやって知りますか？

　FBA を要求するには、その機関のシステムをよく知っておかなければなりません。FBA を準備するための連絡を取るべき直接ケア提供者（教師、在宅インストラクター、ジョブコーチなど）に尋ねることから始めましょう。次に、実際に本人のアセスメントを行う人に尋ねましょう。

　理想的には、アセスメントを実施する人は、認定行動分析士（BCBA: Board Certified Behavior Analyst）であるか、認定行動分析士からスーパーバイズを受ける人です（認定の詳細については、https://www.bacb.com/ を参照）。紹介された人が BCBA でないか、BCBA と働いている人ではない場合は、その人が受けた FBA 実施トレーニングについて質問してください（これは、その人が BCBA であっても尋ねると良い質問です）。

　少なくとも、その人はスーパーバイズされながらの FBA をたくさん経験している必要があります。FBA を自立して複数回実施していると理想的です。FBA と言われるものを、かつて私は見たことがありますが、残念ながら、それはベースライン・デー

タの収集や教育的アドバイスにすぎませんでした。その人に、今まで問題提起行動の機能をどういう手順で特定してきたかを説明してもらいましょう。その人の回答から、その人が実際に FBAの手順を理解しているかどうかがわかります。その回答に満足できないなら、別のコンサルタントに依頼しましょう。ある機関に関係している場合は、懸念を上司と共有しましょう。あなたが望んでいることを正確に説明する上で役に立つかもしれないと思うなら、この本を持参しましょう。FBA の料金をあなたが自分で支払う場合は、行動分析士認定協会（BACB: Behavior Analyst Certification Board）の Web サイト（https://www.bacb.com/）で優れた実践者を見つけることができるでしょう。

　次に、FBA をどのように行うのかをその人に尋ねましょう。どの FBA にも、観察や面接、何らかの記述的分析または構造化された観察が含まれているはずです。FBA を実施する人は、児童生徒がいつどこで観察されるか、誰に面接するか、アセスメントのプロセスがどのくらい続くかを、進んで説明できなければなりません。さらに、実施者は、アセスメント・プロセスにおけるあなたの役割を明確に説明し、あなたの参加を促すべきです。

　FBA が完了すると、特定された機能が実際に児童生徒の問題提起行動を制御しているということについて、説得力のある実験的証拠（データ）を得ていなければなりません。そのデータを見せてほしいと依頼するべきです。本人が特定の目的で問題提起行動を用いた実例を、いくつか文書化するべきです。その問題提起行動が 1 回か 2 回しか観察されていないようではいけません。さらに、FBA が、問題提起行動についての人々の回想や推定に基づくものでは不十分です。

　さらに、すべて FBA は詳しく書かれたものでなければなりません。たとえその記録が非公式なものであってもです。あなたの

子どものために FBA が実施されたのなら、あなたは絶対にその FBA 報告書のコピーを受け取るべきです。あなたが、主要な支援者または教育者の役割（教師や成人向けサービス提供者など）を担っているなら、やはり報告書のコピーを受け取るべきです。

5．親または教師が、あなたが考えた支援計画を実行しない場合はどうなりますか？

　行動支援計画を手にしたら、行動を変えるという難しい仕事が始まります。しかし、あなたが行動を変え始めなければならない人は、自閉症の人ではありません。むしろ、自閉症の人を支援している人たちこそ、行動を変えなければならないのです。たとえあなたがそのような人たちの一人であったとしても、それは大変な仕事かもしれません。行動支援計画は、主に環境を変えるよう指示します。つまり、大変な仕事の重荷を担うのは私たちなのです。その結果、問題提起行動は簡単に消えるでしょう。もちろん、教師や親、セラピスト、あるいは他の第三者の大人が、別の大人の助言に従うということは保証できません。とは言っても、人々が行動支援計画をやり遂げる可能性を高める方法があります。

　a．問題提起行動に対する支援を依頼している人たちに、アセスメント・プロセスの最初から関わってもらいましょう。

　　その人たちが、行動計画に注力していて、実行するのが現実的であるかどうかについて発言権を持っている場合、最後までやり通してくれる可能性が高くなります。1日を通して5分間隔でプログラムを実施するよう主張するとんでもない行動分析家の話を、多くの親が私に話してくれました。　親はパートタイムの仕事をしており、親を必要とする子どもが

他に２人いることなど、その行動分析家にはどうでもよかったのです。行動支援計画は、紙の上ではゴールド・スタンダードかもしれませんが、それが分別に欠け非現実的なものであるなら、その計画はサブ・スタンダードです。　あなたのアイデアを実行するのは難しすぎるとチームが言うなら、チームの話をよく聞きましょう。同じ目標を達成するためには別の方法が常にあり、それは、特定の状況では実行可能性がもっとあるかもしれません。最良の計画とは、現実に実行できる計画であるということを忘れないでください。

b．作成した行動支援計画の実行の仕方を、チームにトレーニングするために時間を取りましょう。

　多くの場合、チームメンバーは恥ずかしがって、何かが理解できないとは言えないのです。行動支援計画を彼らが学ぶことに手を貸せば、彼らが計画を実行する可能性は高くなります。

c．支援完全性チェックリストを使いましょう。

　このチェックリストに定期的に記入する役を誰かに割り当てましょう。　第８章の例（図10）を参照してください。

d．行動支援計画の実施と問題提起行動の減少とが関連していることを、チームで確認しましょう。

　これはしばしば大きな動機づけになります。問題提起行動がなくなったら、チームメンバーの仕事がどれほど楽になるかを強調しましょう。

e．チームに感謝しましょう。

彼らに感謝し、あなたが確認した成果を指摘し、必要なら
彼らにクッキーを焼いてあげましょう。計画を実行したこと
に対して、チームメンバーに強化子を与えましょう（強化は、
自閉症の人だけでなく、すべての人の適切な行動を増やすことを忘
れないでください！）。

f. チームにとって物事が容易になるようにしましょう。

教材を作ったり、強化子を購入したり、視覚的な手がかり
を掲示したりすることは、あなたの仕事ではないかもしれま
せんが、行動支援計画を実行するために必要な労力を減らす
と、実行される可能性が高くなります。たとえば、私はコン
サルタントとして、技術的には自分の仕事ではないこともし
て、行動支援計画が確実に実行されるようにすることがよく
あります。私は教室を掃除して整理整頓し、週ごとのグラフ
を更新し、必要なら家具の移動もしてきました。通常、教育
関係者と保護者は同じように一所懸命働いています。あなた
が手助けできることは何であれ、あなたが立てた行動支援計
画の成功の可能性を高めるでしょう。

g. 克服するのが最も難しい状況は、問題提起行動が特定の場
面からの生徒の排除につながりそうな場合です。恐ろしい真
実ですが、実際に問題を解決することよりも、教師が生徒の
問題提起行動を助長し、最終的にはクラスから排除すること
の方が強化される場合があります。こういう状況になってい
ると思われる場合は、自分の気持ちを上層部と話し合うよう
にしてください。この支援計画の結果に関係なく、その生徒
はクラスにとどまるというメッセージを伝えてくれるように
上層部を説得しましょう——たとえそれが実現しなくても！

これにより、スタッフが最善を尽くすことを願っています。

6．プライベートFBA が実施され、支援が提案されたのですが、あなたの子どもにサービスを提供している機関が、それを実施しようとしない場合はどうなりますか？

　残念ながら、理念の違いや縄張り争い、あるいは保身のために、学校や事業所がFBA から導かれた提案の実施に抵抗することは珍しいことではありません。計画がすでに提示され、サービス提供者と協力するためにあらゆる準備を整えたにもかかわらず、それでもまだ計画が実施されないなら、それを解決するための直接的な対応が有効です。

　判断を保留することから始めましょう。支援計画を実施する上での障壁は何かを尋ね、それを克服する方法を特定するために協力することを提案しましょう。おそらく、その障壁は理念的なものでしょう（たとえば、「そもそも彼はやるべきことをやっただけなので、大騒ぎしてそんなに注目してあげるつもりはない」あるいは「もしあなたが求めていることを私がすれば、彼女は一日中休憩するでしょうね！」）。もしそうなら、その人に受け入れられそうな言葉で、支援計画を説明してみましょう。例えば、「あなたは、他の生徒に向けているのと同レベルの注意を、彼に向けています。でも、彼は自閉症なんですよ。注意は誇張しないと彼には分からないんです」。あるいは、「私を信じてください。あなたが現在向けている注意よりも多くの注意を、さらに特別に向けてほしいというのではないのです。でもあなたが現在向けている注意よりも、彼が問題提起行動によって得ている注意の方が多いので、私たちはむしろその注意を取り除こうと思うのです」。

　あなたが親または保護者の場合、行動支援計画の実施に対する

彼らの抵抗について、最前線のサービス提供者と話す機会さえ与えられないかもしれません。あなたは上司と話す必要があります。すぐに支援の完全性のデータを要求しましょう。それでも抵抗に直面する場合は、障害者教育法（IDEA 2004）を参照してください。この法律では、機能アセスメントを実施しなければならないと規定されています。

　行動支援計画を確実に継続実施してもらうために、親が前もって計画するのも賢明なことです。たとえば、子どもの担任教師が長期不在となる場合（たとえば産休）、代替教師のトレーニングについて上司に相談してください。病気のために教師が欠席した場合に備えて、教室に支援計画書（名字は書かずに）を掲示しましょう。また、あなたが出張したり週末に出かけたりする必要がある場合は、家で子どもの面倒を見てくれる人は誰であれ、あなたが出発する前に、あなたの指導の下に支援計画を実践するようにしてください。

7．本人の行動が、兄弟姉妹やクラスメートの行動に関連している場合はどうなりますか？

　ある人の問題提起行動が別の人の問題提起行動を引き起こすことは珍しいことではありません。この典型的な例は、教室で1人の生徒の問題提起行動が叫ぶことであり、もう1人の問題提起行動は大きな音への反応という場合です。この種の連鎖反応は、明らかに苛立たしいものですし、それに対処することはストレスフルなことですが、別の見方をすると、1人目の人は、実は代替行動の練習機会をいくつも持てるという恩恵に浴しているのです。実際には、問題提起行動を取ることのEOは、多くの場面で生じます。問題提起行動を取る人は両人とも、FBAを受け、行動計

画を策定される必要があります。　1人目の行動が2人目の危険なあるいは破壊的な行動を引き起こす場合、可能であれば、2人を引き離すことがベストでしょう。

8．子どもの行動がクラスメート、兄弟姉妹によって強化される場合はどうなりますか？　誰かが意図的に挑発して問題提起行動を取らせる場合はどうなりますか？

　ある生徒の問題提起行動が、意図してあるいは意図せずして、クラスメートによって強化されるということがあります。クラスメートは、冗談を言って笑ったり、教室の混乱を助長したり、不適切に要求されたものを互いに手渡したりします。兄弟姉妹はお互いに問題を起こそうとします。あるいは、いじめの一種として問題提起行動を起こさせることがあります。このような場合、クラスメートには責任があります。

　クラスメートは、適切に対応する方法についてトレーニングを受ける必要があり、確実に対応できるように随伴性を設定する必要があります。たとえば、教室の混乱を助長するクラスメートは、放課後に居残りをさせることもあります。妹をだまして人前で恥ずかしい思いをさせる兄姉には、皆に謝罪をさせることもあります。

　このやり方は、クラスメートが面白がって問題提起行動に反応している場合にのみ用います。クラスメートが実は問題提起行動に対して恐れや不快感を覚えて反応している場合、その反応に関してクラスメートに責任を負わせることはできません。たとえば、私が関わっているある生徒は、休憩時間に遊んでいる男の子のグループからサッカーボールを繰り返し盗みました。彼の行動は男の子たちからの注意(それは非常にネガティブなものでしたが)によっ

て強化されたのですが、男の子たちに、軽蔑的ににらんだり、ボールがなくなったことに文句を言ったりしないでくれと依頼することは、不可能ではないにしても不公平でしょう。代わりに、自閉症の生徒からの適切な働きかけに対して好意的に反応してくれそうな別グループの男の子たちから、休憩時に注意を引くことを教えました。また、特定の時間になら他の生徒たちが彼とのやりとりに応じてくれる、ということを示す非言語的な手がかりに気づくことを彼に教えました。

　私が関わっていた他の生徒たちは、実際にクラスメートを怖がらせたり、怪我をさせたり、ひどく動揺させたりしました。クラスメートたちには、怪我を避けるために、問題提起行動の前兆に気づくことを教えたり、必要に応じて、慣れていない問題提起行動を恐れないことを指導したりしました。別のやり方としては、問題提起行動を取る生徒に、適切な代替行動を教えて強化することです。たとえば、第7章で説明しましたが（121ページ）、注意を引きたいがために椅子を投げた生徒ライリーに、代替行動として、幼稚園児に冗談を言ったり、物語を読み聞かせたりすることを教えました。

9．予想外の問題提起行動に対して、あなたは何をすべきですか？

　問題提起行動の中には、「なぜそんなことになるのだ？」と言いたくなるものもあります。たぶん、そういう問題提起行動は、新たな行動パターンの一部です。そして、すべてが初めてのことのはずです。あるいは、そういう問題提起行動の出現は、とても低頻度の行動パターンの一部かもしれません。あるいは、しなくなったと思っていた行動の再出現かもしれません。いずれにせよ、

人々の不意を突くような行動もあるということです。

　軽度の行動：びっくりする行動でも、人や器物を危険にさらさないものもあります。これは、軽度の迷惑行為または妨害行為かもしれません。いくつか例をあげると、突然、発音不明瞭になったり、手をパタパタさせたり、独語したりするなどです。このような行動の場合、最も安全な方法は、その行動はまったく起こらなかったかのように振る舞うことです。理想的には、環境を変えるべきではありません。ほとんどの場合、行動はランダムに生起します。強化しなければ再発しません。どんな反応も、驚いた表情や叱責でさえも、こちらが気づかなくても強化子として働くかもしれません。周囲の人たちがその行動に反応しなければ、そのことがその行動から力を奪います。これは、その行動のバッテリーを取り外すようなものです。

　このやり方は、新しい行動に最適です。なぜなら、強化パターンがまだ確立されていないからです。パターンが確立されてしまうと、本人の行動への反応をやめることを、実際には支援として行うことになります。結果を変えることになるからです。機能的行動アセスメントが完了するまでは、支援を始めるべきではありません。問題提起行動が数回以上生起した場合は、FBA に取り掛かることが理にかなっています。

　行動を無視しても、その後の再発を防ぐことができない状況として1つ考えられるのは、自動強化によって行動が維持されている場合です。たとえば、快適な内部感覚が得られるので、自閉症の子どもがフェンスに沿って走って行ったり来たりしている場合、それを無視しても、おそらくその行動を減少させることにはなりません。そのような状況では、環境が変化してもしなくても、その行動に影響を及ぼすことはありません。

　危険な行動：他の予想外の行動としては、実際に危険な行動が

あります。周りの人や財産の安全を守るために、当然対応しなければなりません。そのような場合には、すぐにアセスメントを開始しましょう。危険な行動が1回生起するだけでも、アセスメント・チームの時間とリソースを使うに値します。

　低頻度で高強度の行動の場合、インタビュー・データを収集することが、アセスメントを開始するためにできる最善の方法でしょう。結局のところ、その行動を一度しか見たことがなく、何がそれを引き起こしたのかわからない場合、その行動の観察を計画することは難しいかもしれません。しかし、今後の怪我や損失を予防するために、先行支援をいくつか実施するだけで十分な場合があります。つまり、その行動の機能を推測し、追加情報を収集しながら、その行動によって手に入れようとしていたと思われるすべての物事にアクセスできるようにします。　これにより、安全が確保され、より長期的な支援を実施する時間ができるはずです。その間にも、危険な行動が出だした時には、何かをしなければなりません。安全は常に行動支援の最優先事項なので、《危機管理》アプローチを使用しましょう。一言でいうと、《危機管理》とは、あらゆる犠牲を払ってでも、すべての人の安全を確保することです。つまり、問題提起行動を強化するリスクがあるとしても、その瞬間に危険な行動を終わらせるために必要なことをしなければならないということです。

　たとえば、アレクシスという名の生徒が、はさみを向けて先生を威嚇しました。注意を引くためのアレクシスの不適切な皮肉やその他の望ましくない企てを、先生は無視していました。はさみを向けることは、明らかに注意獲得要求の激化でした。先生は、アレクシスに自分の席に座るよう求めて賢明な対応をし、次回ははさみを向ける代わりに何ができるかについて、アレクシスと話しました。この即時的な注意は、今後に影響を与える強化子とし

て機能する可能性がありましたが、危機管理アプローチの優先事項は、差し迫った危機を終わらせることです。アレクシスが切望した注意を向けることにより、先生は、アレクシスが行動をさらにエスカレートさせる可能性を最小限に抑えました。はさみで誰かを脅すことは、要求と見なすことができます。要求を満たすことで、要求に関連する問題提起行動が終了します。このように、問題提起行動を強化することで、はさみで脅すという状況を終わらせました。

　危機管理には他にも役に立つ方法があります。

■危険な行動を取っている人から他の人たちを遠ざけましょう。

■もしできるなら、危険な行動を取っている人を、他の人たちから遠ざけましょう。しかし、問題提起行動が危険なレベルにまでエスカレートしてしまった場合、これは口で言うほど簡単ではないかもしれません。　もしそうなら、近くにいる人には、危険な行動を取っている人がいるエリアから離れてもらいましょう。

■また、危険性のある物（はさみ、ペンなど）もエリアから取り除きましょう。

　これらの目的を達成するには、手助けが必要かもしれません。自閉症や関連障害の人に関わる人は誰でも、応援を要請できるシステムを整えるべきです。携帯電話システムやインターホンの使用、信頼できる生徒に走ってもらって応援を要請するなどを検討しましょう。

　最後に、自閉症の人に関わったり、世話をしたりする人は誰でも、危機管理のトレーニングを受けるべきです。これは、応援担当者に助けを求めることがいつもできるとは限らないグループホーム・スタッフや親にとって特に役立ちます。あなたの地域の発達障害関連機関は、適切な訓練を見つける手助けができる

かもしれません。

10. 問題提起行動を取る本人は、行動計画の作成と実施に どの程度関与すべきですか？

　自閉症や関連障害のある人の中には、自分の行動支援計画の策定に参加できる人もいます。「その行動を起こす可能性が最も低いのはいつですか？」や「なぜそうするのですか？」などの抽象的な質問に答える能力を最大限に高めるために、計画の策定には本人を参加させるべきです。

　第1に、あなたが関わっている児童生徒は、おそらく支援チームよりも自分自身のことをよく知っているでしょう。第2に、本人が自分の行動支援計画に関して発言権を持っている場合、積極的に参加し、計画の成功を喜ぶ可能性が高くなります。

　たとえば、現在私の同僚は、アスペルガー障害の高校生に関わっており、その生徒は、求められたことをし、授業中の感情爆発を自制することで、ランチを外で食べるためのお金を稼いでいます。最近、システムを少し調整して、本物のお金ではなくトークンを稼ぐようにしました。彼の行動は悪化しました。彼のコンサルタントは、何がどうなっているのかを彼に尋ねたところ、本物のお金を稼いでいたときの方がわくわくしていたと説明しました。元のシステムを復活させると、彼の行動は改善しました。

　どの行動支援計画でも、各行動の結果を明確に生徒に認識させることで、行動の変化を加速させることができます。このように、随伴性を学習するためには、随伴性を繰り返し経験する必要はありません。そうしなくても、説明されるだけで、随伴性を学習できることもあります。生徒によっては、行動の前、行動の後、あるいは前および後に、行動の結果について生徒に話したいとあな

たは思うかもしれません。たとえば、望ましい行動を取れば受けることができる強化について、行動支援計画を最初に実施するときに、簡単に説明できます。たとえば、「床にひっくり返ることなく、ハーパー先生の指示に応じれば、休憩ができますよ。」そして、強化子を提供した後、強化子を生徒の行動に結びつけることができます。たとえば、「指示に応じると、どれだけ早く休憩を取れるかが分かったよね！」

第11章 問題提起行動の予防法トップ10

　問題提起行動については、常に対処よりも予防の方が優ります。機能を考えての行動支援計画は、効果的なものでしょうが、時間と注意が必要です。そしてどちらもたいてい足らないのです！また、問題提起行動は、本人だけでなく、周囲の人々にも苦痛を引き起こします。要するに、何事も百の治療より一の予防ということなのです。

　以下の方法は、さまざまな問題提起行動を予防するために策定したものです。これらの項目で本人のニーズが満たされれば、そもそも問題提起行動を起こすことはないと考えて、支援方法としては日常的な動機づけに取り組みます。これらの支援方法は、学校全体で取り組むポジティブ行動支援プログラム（https://www.pbis.org/ を参照）[1]で出会う可能性のある方法を連想させます。これらの支援方法を日常的に組み込むことで、行動上の問題の大部分が予防され、それでも生じる数少ない問題に貴重な時間とリソースを費やすことができるのです。

1　〔訳注〕日本でのPBSの団体としては、日本ポジティブ行動支援ネットワーク（APBS-J）がある。https://pbsjapan.com

1．選択肢を与える

　一日を通して、学校、職場、余暇活動の場で、できる限り自閉症の人が自分で選択できるようにしましょう。食事、課題遂行の順序、余暇活動遂行の順序、課題や活動の種類、着る服などに関して、選択肢を提示することを考えましょう。たとえ子どもの選択が最適なものとは言えなくても、それが害を及ぼさない限り、自分で選択できるようにするべきです。選択することで生活の質が向上し、ひるがえって問題提起行動が生じる可能性は低くなるのです。

2．本人の特性を考慮する

　日常的な問題だけでなく、もっと大きな問題に関しても、本人の特性を考慮しましょう。たとえば、自閉症の人のために仕事を選択するときは、簡単に手に入る仕事で手を打つのではなく、本人の興味や能力に合った仕事を探しましょう。他の人との交流を好む人が、倉庫での一人仕事には就かないようにし、退屈さを我慢することが苦手で快活な自閉症の人に、組立ラインで働くことを求めることのないようにします。同様に、騒音を嫌う自閉症の人のために援助付きアパートを探すときは、にぎやかな通りから離れたアパートにしましょう。あるいは、社交に興味がない自閉症の人には、友だち付き合いを強要しないでください。　あなたがする選択が、あなた自身の最善の利益ではなく、自閉症の人の最善の利益になるかどうかについて、現実的な感覚を持ちましょう。

3．シンプルにする

　自閉症の人に関することは、できるだけシンプルなものにしてください。課題を簡単な部分へ分解し、視覚的な手がかりを使用し、学校、職場、生活空間を整理します。このことにより、本人の日々の成功の妨げとなるものを取り除き、それによって問題提起行動が出る可能性を低減させます。家族やスタッフにとってもシンプルなものにしてください。必要な場合にのみ、問題提起行動に対する支援をしてください（第1章を参照）。支援計画はシンプルにしてください。このことにより、リソースが絶対に必要となる場合に備えて、リソースを温存できます。

4．自閉症の人にポジティブな注意をたくさん向ける

　課題に適切に取り組む行動に注意を向けると、不適切な行動に対して叱責や再指示の形で注意を向けるリスクが少なくなります。あなたの注意と、賞賛や肯定的なやりとりとを頻繁に対提示することになるので、あなた自身と否定的な注意とを対提示する機会が減ります。また、あなたの注意を引くために、自閉症の人が不適切な行動をとるリスクが減ります。最後に、「相手の良いところに気づく」努力をすれば、その人の能力障害とその人が抱えている問題に注目するのではなく、その人の能力やその人がうまくできることに注目するようになります。

5．好みのモノや活動への十分なアクセスを提供する

　自閉症の人の環境が豊かだと、自動強化で維持されている行動

をとるリスクが低下します。自動強化による行動、たとえば気分が良いという理由だけで起こる反復動作は、本質的に時間を埋めるか、自分を楽しませるかする手段です。それは、車の中で歌ったり、退屈な講義の途中でだらだらしたりするようなものです。すでに楽しんでいれば、自動強化の必要性は少なくなります。

　どんなモノや活動を子どもが好むのかがわからない場合、多種多様なモノや活動を子どもに試させて、どれに多くの時間を費やしたり、興味を持ったりするかをメモしてください。少なくとも2、3種類の食べ物、飲み物、感覚、運動活動、操作などを特定してください。そうすれば、さまざまな選択肢が利用可能になります。

６．仕事や学習を興味深いものにする

　課題が適切な難易度のもので、意味の分かるやり方で教えられれば、子どもはその活動を魅力的でやりがいのあるものだと思うでしょう。そうすると、課題から逃れることを目的とした行動や、退屈なために生じる自動強化行動をとらなくなります。さらに、よい刺激の多い学校環境や職場環境は、生活の質を改善し、問題提起行動のリスクを減らします。

７．日々を興味深いものにする

　自閉症の人の中には、時間を埋めることが難しい人がいます。認知面、対人関係面、およびその他の面での困難さは、自閉症の人の実行可能な自立的余暇活動に制約をきたす可能性があります。構造化された１日を過ごせるようにすることで、問題提起行動を予防することができます。興味深い活動に専念させることは、その人が、何をすべきではないかだけではなく、何をすべきかを知

るのに役立ちます。

8．強力なコミュニケーション・スキルを構築する

　本書の前の方の章で説明したように、ほとんどの問題提起行動は、自分の欲求やニーズをコミュニケートする効果的な方法が他にない場合に発生します。強力なコミュニケーション・スキルをいろいろと持っている人は、要求をするために不適切な行動をとる必要はありません。子どもが適切にコミュニケートすることを学習している間は、適切なコミュニケーションの試みを強化することがきわめて重要です。他のすべての目標よりもコミュニケーション・スキルの構築が優先します。

9．支援の標的を選ぶ

　行動に介入する必要がない場合は、しないでください。スキルの指導や、他の問題提起行動への対処に手腕を発揮する機会はたくさんあります。その人の行動がその人の日常の機能を妨げていない場合は、そのままにしておきましょう。事態をややこしくしないことです。

10．その人がその人自身である権利を尊重する

　自閉症や類縁の障害を持つ人々には、独特な好き嫌いや習慣があるかもしれません。そのような独自性は、必ずしも望ましくないというわけではなく、独特なだけです。そのような行動の一部を、私たちが問題視するから問題になるだけです。そうではなく、実際にはその人の日常生活を妨げてはいないその人の特徴を、私

たちは受け入れようとすることもできるのです。そういう特徴の一部は、問題提起行動ではなく、「奇抜な」ものと考えることができます。たとえば、手をひらひらさせる動作は、からかいやその他の否定的な結果を引き起こしていない限り、おそらくその子の興奮の示し方だろうと考えることができます。ジャンプしたり、モノの表面を触ったりすることは、親戚で集まると必ず同じ冗談を言う、変な叔父さんの行動と変わらないと考えることができます。

　あなたが子どもたちの違いを尊重するならば、子どもたちもあなたのその敬意を感じるでしょう。このことは、あなたのストレスを軽減し、両者の権力闘争だという感覚を弱めるでしょう。

　時には、自分に合わない服を着たり、1日中ソファーに寝転がったり、ジャンクフードを食べすぎたり、他の人が「よくない」と考えていることをしたり、そういう自由さを自分に許すことが、きっとあなたにもあるでしょう。時には、自然な自分になることを、このように許すことは、自閉症の人にも助けになります。以上でロッカーいっぱいに行動変容ツールを準備することができましたが、それを使用する必要が常にあるとは思わないでください。

付録

付録A

セッティング事象チェックリスト

サンプル――家庭から学校へのセッティング事象チェックリスト

サンプル――学校から家庭へのセッティング事象チェックリスト

付録B

行動支援計画書

サンプル――行動支援計画書

セッティング事象チェックリスト

子ども/クライアント：＿＿＿＿＿＿＿　　　日付：＿＿＿＿＿

報告者：＿＿＿＿＿＿＿＿＿＿＿＿＿＿＿＿＿＿＿＿＿＿＿＿

記述対象期間：＿＿＿＿＿＿＿＿＿＿＿＿＿＿＿＿＿＿＿＿＿

あなたの知る限り、＿＿＿＿＿＿＿＿＿＿＿＿＿さんを支援していた間に、以下の事象が発生したかどうかを記録してください。

健康上の問題

- ☐ いつもより睡眠時間が短かった
- ☐ いつもより睡眠時間が長かった
- ☐ いつもより食べる量が少なかった
- ☐ いつもより食べる量が多かった
- ☐ いつもより飲む量が少なかった
- ☐ いつもより飲む量が多かった
- ☐ いつもより排尿が少なかった
- ☐ いつもより排尿が多かった
- ☐ いつもより排便が少なかった
- ☐ いつもより排便が多かった
- ☐ いつもより活動的ではないように見える
- ☐ いつもより活動的であるように見える
- ☐ 薬が変更された/服薬を忘れた
- ☐ 月経期間中である
- ☐ いつもより自慰行為やその試みが多い

- ☐ くしゃみや鼻水が出ている
- ☐ 嘔吐した
- ☐ 発疹が出ている
- ☐ 37.5℃以上の熱がある
- ☐ 病気やアレルギーの症状がある
- ☐ てんかん発作があった
- ☐ その他（　　　　　　　　　　　　　　　　）

その他可能性のあるストレッサー

- ☐ スケジュールが予期せず変更された
- ☐ 好きな食べ物が手にはいらなかった
- ☐ 好きな活動ができなかった
- ☐ お気に入りの人が不在だった
- ☐ 他の人が苦しんでいるのを目撃した
- ☐ 他の人が叱られているのを目撃した
- ☐ 口論を目撃した
- ☐ 負傷した
- ☐ 叱られた
- ☐ 口論していた
- ☐ いじめられたり、からかわれたりした
- ☐ 期待していたことが起きなかった
- ☐ いつもよりも人が多かった
- ☐ いつもよりも一人のことが多かった
- ☐ 異常に急いでいた
- ☐ 人とのやり取りから排除された
- ☐ その他（　　　　　　　　　　　　　　　　）

セッティング事象チェックリスト（サンプル）

家庭から学校へ

（注：グレイスの攻撃行動は、クラスメートの注意を引く機能を有し、両親の口論を目撃した後に生起する可能性が高いことを考えると、今朝、お気に入りの人が不在であり、口論を目撃したという事実は、人からの注目に関してEOを強める可能性があり、したがって攻撃行動が起こりやすくなります。）

子ども／クライアント：__*グレイス・カーマイケル*__　日付：__5/6/08__

報告者：__*母親*__

記述対象期間：__*昨晩 - 今朝*__

あなたの知る限り、__*グレイス*__さんを支援していた間に、以下の事象が発生したかどうかを記録してください。

健康上の問題

- ☐ いつもより睡眠時間が短かった
- ☐ いつもより睡眠時間が長かった
- ☐ いつもより食べる量が少なかった
- ☐ いつもより食べる量が多かった
- ☐ いつもより飲む量が少なかった
- ☐ いつもより飲む量が多かった
- ☐ いつもより排尿が少なかった
- ☐ いつもより排尿が多かった

- ☐ いつもより排便が少なかった
- ☐ いつもより排便が多かった
- ☐ いつもより活動的ではないように見える
- ☐ いつもより活動的であるように見える
- ☐ 薬が変更された/服薬を忘れた
- ☐ 月経期間中である
- ☐ いつもより自慰行為やその試みが多い
- ☐ くしゃみや鼻水が出ている
- ☐ 嘔吐した
- ☐ 発疹が出ている
- ☐ 37.5℃以上の熱がある
- ☐ 病気やアレルギーの症状がある
- ☐ てんかん発作があった
- ☐ その他（　　　　　　　　　　　　　　　　　）

その他可能性のあるストレッサー

- ☑ スケジュールが予期せず変更された
- ☐ 好きな食べ物が手にはいらなかった
- ☐ 好きな活動ができなかった
- ☑ お気に入りの人が不在だった
- ☐ 他の人が苦しんでいるのを目撃した
- ☐ 他の人が叱られているのを目撃した
- ☑ 口論を目撃した
- ☐ 負傷した
- ☐ 叱られた
- ☐ 口論していた
- ☐ いじめられたり、からかわれたりした
- ☐ 期待していたことが起きなかった

- ☐ いつもよりも人が多かった
- ☐ いつもよりも一人のことが多かった
- ☑ 異常に急いでいた
- ☐ 人とのやり取りから排除された
- ☐ その他(　　　　　　　　　　　　　　　　　　　　)

セッティング事象チェックリスト（サンプル）

学校から家庭へ

（注：グレイスの攻撃行動の機能を考えると、以下に説明する対人交流からの排除によって問題提起行動が予想されます。）

子ども／クライアント：<u>グレイス・カーマイケル</u>　日付：<u>5/6/08</u>

報告者：<u>教師</u>

記述対象期間：　<u>今日，学校で</u>

あなたの知る限り、<u>　　グレイス　　</u>さんを支援していた間に、以下の事象が発生したかどうかを記録してください。

健康上の問題

- ☐　いつもより睡眠時間が短かった
- ☐　いつもより睡眠時間が長かった
- ☐　いつもより食べる量が少なかった
- ☐　いつもより食べる量が多かった
- ☐　いつもより飲む量が少なかった
- ☐　いつもより飲む量が多かった
- ☐　いつもより排尿が少なかった
- ☐　いつもより排尿が多かった
- ☐　いつもより排便が少なかった
- ☐　いつもより排便が多かった
- ☑　いつもより活動的ではないように見える

- ☐ いつもより活動的であるように見える
- ☐ 薬が変更された / 服薬を忘れた
- ☐ 月経期間中である
- ☐ いつもより自慰行為やその試みが多い
- ☑ くしゃみや鼻水が出ている
- ☐ 嘔吐した
- ☐ 発疹が出ている
- ☐ 37.5℃以上の熱がある
- ☐ 病気やアレルギーの症状がある
- ☐ てんかん発作があった
- ☐ その他（　　　　　　　　　　　　　　　）

その他の可能性のあるストレッサー

- ☐ スケジュールが予期せず変更された
- ☐ 好きな食べ物が手にはいらなかった
- ☐ 好きな活動ができなかった
- ☑ お気に入りの人が不在だった
- ☐ 他の人が苦しんでいるのを目撃した
- ☐ 他の人が叱られているのを目撃した
- ☐ 口論を目撃した
- ☐ 負傷した
- ☐ 叱られた
- ☐ 口論していた
- ☐ いじめられたり、からかわれたりした
- ☐ 期待していたことが起きなかった
- ☐ いつもよりも人が多かった
- ☑ いつもよりも一人のことが多かった
- ☐ 異常に急いでいた

☑ 人とのやり取りから排除された

☐ その他（　　　　　　　　　　　　　　　）

行動支援計画書

セクション1：背景と機能アセスメント情報

子ども /クライアントの氏名： _____

支援チーム：

チーム・リーダー：

問題提起行動：

測定計画：

行動に取り組む理由：
　該当するものをすべて選択してください：
　　　　□自己への危険　　　　□ 他者への危険
　　　　□物的損害のリスク　　□ 本人への非難や排除
　　　　□自身の適応行動（すなわち、友だちを作る、学習などの目標
　　　　　を成功裏に達成する能力）を妨げる
　　　　□他者の適応行動を妨げる
　　　　□その他 _____

使用した機能アセスメント方法：
　該当するものをすべて選択してください：
　　　　□非構造化観察　　　　　　□構造化観察

□インタビュー　　　　□記述分析

□仮説検証　　　　　　□機能分析

□その他 _____

行動の機能：

　　該当するものをすべて選択してください：

　　　　□注意を引く　　　　　　　□何かから逃避/回避する

　　　　□モノ/活動へのアクセスを獲得する　　□自動強化

　　　　□特別な考慮事項　　_____

セクション2：先行事象に基づく支援

特定したセッティング事象： _____

_____

_____

セッティング事象に対して計画した対応： _____

_____

_____

動機づけの支援： _____

_____

_____

その他の先行支援： _____

_____

_____

セクション３：機能的代替案の指導

代替スキルの指導：＿＿＿＿＿＿＿＿＿＿＿＿＿＿＿＿＿＿＿
＿＿＿＿＿＿＿＿＿＿＿＿＿＿＿＿＿＿＿＿＿＿＿＿＿＿＿＿＿
＿＿＿＿＿＿＿＿＿＿＿＿＿＿＿＿＿＿＿＿＿＿＿＿＿＿＿＿＿

セクション４：結果事象に基づく支援

以下のセクションは，子ども，生徒，またはクライアントに適用するもののみ記入する。

強化に基づく支援：＿＿＿＿＿＿＿＿＿＿＿＿＿＿＿＿＿＿＿＿
＿＿＿＿＿＿＿＿＿＿＿＿＿＿＿＿＿＿＿＿＿＿＿＿＿＿＿＿＿
＿＿＿＿＿＿＿＿＿＿＿＿＿＿＿＿＿＿＿＿＿＿＿＿＿＿＿＿＿

消去に基づく支援：＿＿＿＿＿＿＿＿＿＿＿＿＿＿＿＿＿＿＿＿
＿＿＿＿＿＿＿＿＿＿＿＿＿＿＿＿＿＿＿＿＿＿＿＿＿＿＿＿＿
＿＿＿＿＿＿＿＿＿＿＿＿＿＿＿＿＿＿＿＿＿＿＿＿＿＿＿＿＿

弱化に基づく支援：＿＿＿＿＿＿＿＿＿＿＿＿＿＿＿＿＿＿＿＿
＿＿＿＿＿＿＿＿＿＿＿＿＿＿＿＿＿＿＿＿＿＿＿＿＿＿＿＿＿
＿＿＿＿＿＿＿＿＿＿＿＿＿＿＿＿＿＿＿＿＿＿＿＿＿＿＿＿＿

セクション5：計画を軌道に乗せる

計画の再評価基準：＿＿＿＿＿＿＿＿＿＿＿＿＿＿＿＿＿＿＿

＿＿＿＿＿＿＿＿＿＿＿＿＿＿＿＿＿＿＿＿＿＿＿＿＿＿＿＿＿

＿＿＿＿＿＿＿＿＿＿＿＿＿＿＿＿＿＿＿＿＿＿＿＿＿＿＿＿＿

計画のフェイディング基準：＿＿＿＿＿＿＿＿＿＿＿＿＿＿＿＿

＿＿＿＿＿＿＿＿＿＿＿＿＿＿＿＿＿＿＿＿＿＿＿＿＿＿＿＿＿

＿＿＿＿＿＿＿＿＿＿＿＿＿＿＿＿＿＿＿＿＿＿＿＿＿＿＿＿＿

習得基準：＿＿＿＿＿＿＿＿＿＿＿＿＿＿＿＿＿＿＿＿＿＿＿＿＿

＿＿＿＿＿＿＿＿＿＿＿＿＿＿＿＿＿＿＿＿＿＿＿＿＿＿＿＿＿

＿＿＿＿＿＿＿＿＿＿＿＿＿＿＿＿＿＿＿＿＿＿＿＿＿＿＿＿＿

危機介入方法：＿＿＿＿＿＿＿＿＿＿＿＿＿＿＿＿＿＿＿＿＿＿

＿＿＿＿＿＿＿＿＿＿＿＿＿＿＿＿＿＿＿＿＿＿＿＿＿＿＿＿＿

＿＿＿＿＿＿＿＿＿＿＿＿＿＿＿＿＿＿＿＿＿＿＿＿＿＿＿＿＿

行動計画にグラフを添付する

行動支援計画書（サンプル）

セクション1：背景と機能アセスメント情報

子ども/クライアントの氏名：　グレイス・カーマイケル

支援チーム：
　普通学級教師、特別支援学級教師、行動コンサルタント、両親

チーム・リーダー：
　特別支援学級教師

問題提起行動：
　叩いたり噛んだりしてクラスメートにケガを負わせる、手や物を使って。

測定計画：
　1時間あたりの攻撃的行動の2レベルのそれぞれの頻度：
　　1）跡、あざ、出血がない
　　2）跡が残る、あざや出血がある

行動に取り組む理由：
　該当するものをすべて選択してください：
　　□自己への危険　　　　　　☑ 他者への危険
　　☑物的損害のリスク　　　　☑ 本人への非難や排除
　　☑自身の適応行動（すなわち、友達を作る、学習などの目標を
　　　成功裏に達成する能力）を妨げる

☑他者の適応行動を妨げる

□その他 ＿＿＿＿＿＿＿＿＿＿＿＿＿＿＿＿＿＿＿＿

使用した機能アセスメント方法：

該当するものをすべて選択してください：

☑非構造化観察　　　　　☑構造化観察

☑インタビュー　　　　　☑記述分析

☑仮説検証　　　　　　　□機能分析

その他 ＿＿＿＿＿＿＿＿＿＿＿＿＿＿＿＿＿＿＿＿

行動の機能：

該当するものをすべて選択してください：

☑注意を引く　　　　　　　　　□何かから逃避/回避する

□モノ/活動へのアクセスを獲得する　　　□自動強化

☑特別な考慮事項　*行動を維持しているのはクラスメートからの注意のみ*

セクション２：先行事象に基づく支援

特定したセッティング事象：

・*クラスメートからの排除*

・*口論を目撃*

セッティング事象に対して計画した対応：

・*プロジェクトのクラスをペアに分けて、グレイスがクラスメートの注意にアクセスできるようにする。*

・*グレイスのパートナーを指名して、2人で一緒に出席簿を職員室に持って行かせ、先行事象としてのクラスメートとのやりとりを可能にする。*

・*昼食時にクラスメートの注意を確保するために「ランチ屋台」を任せる。*

・休み時間に組織的な活動を提供して、クラスメートの注意を
　確実に引く。

・家では、クラスメートのバディが活動に参加できない場合、
　その活動は飛ばす。

動機づけの支援：

・クラスメートとのプレイグループは、週2回午後にアレンジ
　する。放課後活動をアレンジするために、グレイスとクラス
　メート・バディとをマッチングする。

・30分インターバルでクラスメート・バディが注意を向けるこ
　とをスケジュール化する（バディはトレーニングを受け、登録用
　紙に署名する）。

・グレイスがやり取り開始に3回失敗した場合、グレイスに対
　して反応するようバディをプロンプトする。

・グレイスからのやり取り開始を強化する可能性が低いグルー
　プにグレイスがいる場合、反応しないクラスメートからグレ
　イスを離して、別のエリアで好ましい活動をグレイスに提供
　する。

その他の先行支援：
　なし

セクション3：機能的代替案の指導

代替スキルの指導：

・週に2回のソーシャル・スキル・トレーニング、クラスメー
　トへ働きかけること、クラスメートからの働きかけを強化す
　ること、クラスメートの表情の解釈、クラスメートの声のトー

ンの解釈、クラスメートの働きかけの維持といったことに焦
点を当てた学校ベースのバディ・スキル・グループ。
・ソーシャル・スキルの実践を家庭や地域社会へ引き継ぐため
のペアレント・トレーニング。

セクション4：結果事象に基づく支援

　以下のセクションは、子ども、生徒、またはクライアントに適
用するもののみ記入する。

強化に基づく支援：
・グレイスからの適切な働きかけを強化するようクラスメート
を訓練する。
・グレイスは、学校でクラスメートに優しくしていたら、放課
後のクラスメートとの交流に参加することが許可される。
・放課後クラスメートとの活動でグレイスが穏やかだったら、
グレイスはいとこに電話しておやすみなさいと言うことが許
可される。

消去に基づく支援：
・グレイスの攻撃行動については、グレイスに話しかけないよ
う、クラスメートをトレーニングする。

弱化に基づく支援：
・なし

セクション5：計画を軌道に乗せる

計画の再評価基準：

・*1週間たっても問題提起行動が減少しない。*

計画のフェイディング基準：

・*3週間連続して問題提起行動のレベルがゼロ。この基準に到達しなかったら、そのたびに、学校でスケジュール化されているクラスメートからの注意のインターバルを、5分ずつ短くしてグレイスへの注意を増やす。*

習得基準：

・*6か月連続で問題提起行動のレベルがゼロ。*

危機介入方法：

・*グレイスが攻撃的な行動をとろうとする場合、学校の残りの時間（または家にいる場合は午後）の間、グレイスをクラスメートから遠ざける。*

行動計画にグラフを添付する

文献

Austin, J., Weatherly, N. L., & Gravina, N. E. (2005). Using task clarification, graphic feedback, and verbal feedback to increase closing-task completion in a privately owned restaurant. *Journal of Applied Behavior Analysis,* 38, 117-20.

Bolstad, O. D., & Johnson, S. M. (1972). Self-regulation in the modification of disruptive classroom behavior. *Journal of Applied Behavior Analysis*, 5, 443-54.

Carr, E. G., & Durand, V. M. (1985). Reducing behavior problems through functional communication training. *Journal of Applied Behavior Analysis*, 18, 111-26.

Carr, E. G., Horner, R. H., Turnbull, A. P., Marquis, J. G., Magito-McLaughlin, D., McAtee, M. L., Smith, C. E., & Ryan, K. A., Ruef, M. B., & Doolabh, A. (1999). *Positive behavior support as an approach for dealing with problem behavior in people with developmental disabilities: A research synthesis.* American Association on Mental Retardation Monograph Series.

Catania, A. C. (1998). *Learning.* Upper Saddle River, NJ: Simon & Schuster.

Cooper, J. O., Heron, T. E., & Heward, W. L. (2007). *Applied Behavior Analysis.* Upper Saddle River, NJ: Pearson Education, Inc.（中野良顯訳『応用行動分析学』明石書店）

Delmolino, L., & Harris, S. (2004). *Incentives for Change: Motivating People with Autism Spectrum Disorders to Learn and Gain Independence.* Bethesda, MD: Woodbine House.

Dozier, C. L., Vollmer, T. R., Borrero, J. C., Borrero, C. S., Rapp, J. T., Bourret, J., & Guitterez, A. (2007). Assessment of preference for behavioral treatment versus baseline conditions. *Behavioral Interventions*, 22, 245-61.

Durand, V. M., & Crimmins, D. B. (1988). Identifying variables maintaining self-injurious behavior. *Journal of Autism and Developmental Disabilities*, 18,

99-117.

Ervin, R. A., DuPaul, G. J., Kern, L., & Friman, P. C. (1998). Classroom-based functional and adjunctive assessments: Proactive approaches to intervention selection for adolescents with attention deficit hyperactivity disorder. *Journal of Applied Behavior Analysis*, 31, 65-78.

Ferster, C. B. (1958). Control of behavior in chimpanzees and pigeons by time out from positive reinforcement. *Psychological Monographs,* 72, 108.

Frost, L., & Bondy, A. (2002). *The Picture Exchange Communication System® Training Manual Second Edition*. Newark, DE: Pyramid Educational Products. (門眞一郎監訳『絵カード交換式コミュニケーション・システム　トレーニング・マニュアル　第2版』ピラミッド教育コンサルタントオブジャパン)

Frea, W. D., & Hughes, C. (1997). Functional analysis and treatment of social-communicative behavior of adolescents with developmental disabilities. *Journal of Applied Behavior Analysis,* 30, 701-704.

Glasberg, B. (2005). *Functional Behavior Assessment for People with Autism: Making Sense of Seemingly* Senseless Behavior. Bethesda, MD: Woodbine House. (門眞一郎訳『自閉症の人の機能的行動アセスメント（FBA）』明石書店)

Hanley, G. P., Piazza, C. C., Fisher, W. W., & Maglieri, K. A. (2005). On the effectiveness of and preference for punishment and extinction components of function-based interventions. *Journal of Applied Behavior Analysis,* 38, 51-65.

Herrnstein, R. J. (1970). On the law of effect. *Journal of the Experimental Analysis of Behavior,* 13, 243-266.

Hoch, H., McComas, J. J., Johnson, L., Faranda, N., & Guenther, S. L. (2002). The effects of magnitude and quality of reinforcement on choice responding during play activities. *Journal of Applied Behavior Analysis,* 35, 171-81.

Horner, R.H., & Sugai, G., (2005). School-wide positive behavior support: An alternative approach to discipline in schools. (pp. 359-90). In L. Bambara & L. Kern (Eds.), *Positive Behavior Support.* New York, NY: Guilford Press.

Individuals with Disabilities Education Act Amendments of 2004, 20 U.S.C. 1401-1485.

Iwata, B. A., Dorsey, M. F., Slifer, K. J., Bauman. K. E., & Richman, G. S. (1982). Toward a functional analysis of self-injury. *Analysis and Intervention in Developmental Disabilities*, 2, 3-20.

Iwata, B. A., Pace, G. M., Cowdery, G. E., & Miltenberger, R. G. (1994). What makes extinction work: An analysis of procedural form and function. *Journal of Applied Behavior Analysis*, 27, 131-44.

Iwata, B. A., Pace, G. M., Dorsey, M. F., Zarcone, J. R., Vollmer, T. R., Smith, R. G., Rodgers, T. A., Lerman, D. C., Shore, B. A., Mazaleski, J. L., Goh, H.-L., Cowdery, G. E., Kaisher, M. J., McCosh, K. C., & Willis, K. D. (1994). The functions of self-injurious behavior: An experimental-epidemiological analysis. *Journal of Applied Behavior Analysis*, 27, 215-40.

Kantor, J. R. (1959). *Interbehavioral Psychology.* Granville, OH: Principia Press.

Kern, L., Dunlap, G., Clarke, S., & Childs, K. (1994). Student-assisted functional assessment interview. *Diagnostique*, 19 (2-3), 29-39.

Kwak, M. M., Ervin, R. A., Anderson, M. Z., & Austin, J. (2004). Agreement of function across methods used in school-based functional assessment with pre-adolescent and adolescent students. *Behavior Modification,* 28 (3), 375-401.

Laraway, S., Snycerski, S., Michael, J., & Poling, A. (2001). The abative effect: A new term to describe the action of antecedents that reduce operant responding. *The Analysis of Verbal Behavior*, 18, 101-104.

Lerman, D. C. , & Vorndran, C. M. (2002). On the status of knowledge for using punishment: Implications for treating behavior disorders. *Journal of Applied Behavior Analysis*, 35, 431-64.

Michael, J. (1982). Distinguishing between discriminative and motivational functions of stimuli. *Journal of the Experimental Analysis of Behavior*, 37, 149-55.

Mueller, M. M., Sterling-Turner, H. E., & Scattone, D. (2001). Functional assessment of hand flapping in a general education classroom. *Journal of Applied Behavior Analysis*, 34, 233-36.

Neef, N. A., & Peterson, S. M. (2007). Functional Behavior Assessment. In J. O. Cooper, T. E. Heron, & W. L. Heward (Eds.), *Applied Behavior Analysis* (pp. 500-524). Upper Saddle River, NJ: Pearson Education.

Ratner, S. C. (1970). Habituation: Research and theory. In J. H. Reynierse (Ed.), *Current Issues in Animal Learning* (pp. 55-84). Lincoln, NE: University of Nebraska Press.

Reed, H., Thomas, E., Sprague, J. R., & Horner, R. H. (1997). The student guided functional assessment interview: An analysis of student and teacher agreement. *Journal of Behavioral Education*, 7 (1), 33-49.

Repp, A. C., Felce, D., & Barton, L. E. (1988). Basing the treatment of stereotypic and self-injurious behaviors on hypotheses of their causes. *Journal of Applied Behavior Analysis*, 21, 281-89.

Romanowich, P., Bourret, J., & Vollmer, T. R. (2007). Further analysis of the matching law to describe two and three point shot allocation by professional basketball players. *Journal of Applied Behavior Analysis*, 40, 311-315.

Skinner, B. F. (1953). Science and Human Behavior. New York, NY: The Macmillan Company. （河合、他 訳 『科学と人間行動』二瓶社）

Skinner, B. F. (1984). The operational analysis of psychological terms. *Behavioral and Brain Sciences*, 7, 547-82.

Smith, S.W., & Farrell, D.T. (1993). Level system use in special education: Classroom intervention with prima facie appeal. *Behavior Disorders*, 18, 251-64

Smith, R. G., & Iwata, B. A. (1997). Antecedent influences on behavior disorders. *Journal of Applied Behavior Analysis*, 30, 343-75.

Sundberg, M. L., & Partington, J.W. (1998). *Teaching Language to Children with Autism or Other Developmental Disabilities*. Danville, CA: Behavior Analysts, Inc.

Tustin, R. D. (1994). Preference for reinforcers under varying schedule arrangements: A behavioral economic analysis. *Journal of Applied Behavior Analysis,* 27, 597-606.

Vollmer, T. R. , & Iwata, B. A. (1991). Establishing operations and reinforcement effects. *Journal of Applied Behavior Analysis*, 24, 279-91.

West, R. P., Young, K. R., & Spooner, F. (1990). Precision teaching: An introduction. *Teaching Exceptional Children*, 22, 4-9.

White, O. R., & Haring, N. G. (1980). *Exceptional Teaching. 2nd edition.* Columbus, OH: Charles E. Merrill.

索 引

訳者あとがき

　本書は、Beth A. Glasberg（2008）による *STOP That Seemingly Senseless Behavior! − FBA-based Interventions for People with Autism* の翻訳です。これは、実は2部作の第2作目です。第1作目は『自閉症の人の機能的行動アセスメント（FBA）──問題提起行動を理解する』です。この日本語版も本書と同時に刊行されます。この第2作目には、第1作目で説明された機能的行動アセスメントの結果に基づいて、行動支援計画を立て、それを実行することについて具体的に詳しく書かれています。この2冊を合わせて読めば、問題提起行動の機能アセスメントおよび支援計画策定のやり方を学ぶことができるのです。本書をお読みになる前に、ぜひ第1作目をお読みください。

　1作目については、実は2006年に第1版が、2015年に第2版が刊行されています（日本語版は第2版です）。しかも第1版と第2版とでは、動機づけ操作（MO）や確立操作（EO）についての考え方が変わっています。しかし、本書はその間（2008年）に刊行されたので、MOやEOについての考えは、実は第1版のものなのです。そのため、著者にメールで相談し、本書中のMOやEOの使い方は、第2版での考えにそろえることにしました。

　さらに1作目の第1版と第2版の大きな変更は、新たに第8章として「代替アセスメント・モデル」が加筆されたことです。したがって、2作目の本書では24ページの「機能分析」の次に「代替アセスメント・モデル」についての説明が続くことになるのでしょうが、それは、本書の改訂版で加筆されるのを期待するしかありません。

　さて、いくつかの訳語についての訳者の考えについては、『自閉症の人の機能的行動アセスメント（FBA）──問題提起行動を

理解する』のあとがきにも書きましたが、再度述べておきます。まず、"problem behavior" やその同義語について、すべて「問題行動」ではなく、「問題提起行動」としました。その理由は、「問題行動」という表現が個人モデル、すなわち本人の問題だという考えに基づいているのに対して、「問題提起行動」は社会モデルに基づいて、本人から社会（環境）への異議申し立てを表していると考えるからです。次に、"ASD" は「自閉スペクトラム症」ではなく、「自閉スペクトラム障害」としました。普段、私は、社会モデルの考えを反映したくて、「自閉スペクトラム（AS）」と「自閉スペクトラム障害（ASD）」とを区別して使っています。また、"intervention" は「介入」ではなく「支援」としました。「介入」と言う語は、どうしても「軍事介入、武力介入」を連想してしまうからです。

　1作目の第10章で、アセスメント情報を利用して支援計画をどう立てるか、が簡略に書かれていますが、それが詳述されているのが2作目の本書です。学習に関する4つの重要概念、すなわち1）動機づけ操作（MO）、2）直前の先行事象、3）行動、および4）結果事象が、支援計画を立てる上でも重要な概念です。それぞれに着目して、支援策が提案されています。特に問題提起行動の予防には、機能的コミュニケーション・トレーニングによって、望ましい行動や機能的に等価な代替行動を教えておくことが必要です。その具体的なトレーニング法としては、本書でも触れられていますが、絵カード交換式コミュニケーション・システム（ＰＥＣＳ®）が出色の方法です。

　この2部作をお読みになって、自閉症の人の問題提起行動への支援の在り方を、読者の皆様が熟知され、実践に移されることを、訳者として切に願っています。

　最後に、本書刊行のためにご尽力いただいた明石書店の大江道雅社長、うるさい注文を聞き届けてくださった編集実務担当の清水聰さんに、心から感謝いたします。

2023年11月吉日

門　眞一郎

著者紹介・・・・・・・・・・・・・・・・・・・・・・・・・・・・

ベス・A. グラスバーグ博士（Beth A. Glasberg, Ph.D., BCBA-D）
グラスバーグ行動コンサルティング・サービス社のディレクター、および
びブレット・ディノヴィ・アンド・アソシエイツ社セントラル・ジャージー・
オフィスの最高臨床責任者であり、ライダー大学の非常勤教授でもある。

訳者紹介・・・・・・・・・・・・・・・・・・・・・・・・・・・・

門　眞一郎（かど　しんいちろう）
フリーランス児童精神科医。訳書に、カーリ・ダン・ブロン『レベル5
は違法行為！ 自閉症スペクトラムの青少年が対人境界と暗黙のルールを
理解するための視覚的支援法』、エリーサ・ギャニオン『パワーカード
アスペルガー症候群や自閉症の子どもの意欲を高める視覚的支援法』、ブ
レンダ・スミス・マイルズ他『家庭と地域でできる自閉症とアスペルガー
症候群の子どもへの視覚的支援』、キャロル・グレイ『コミック会話 自
閉症などの発達障害のある子どものためのコミュニケーション支援法』、
ジュード・ウェルトン『ねえ、ぼくのアスペルガー症候群の話、聞いて
くれる？──友だちや家族のためのガイドブック』（共訳）、ジェド・ベ
イカー『写真で教えるソーシャル・スキル・アルバム』（共訳）（すべて
明石書店）
自著はホームページに収載（https://kado2006.sakura.ne.jp/）

自閉症の人の問題提起行動の解決
FBA（機能的行動アセスメント）に基づき支援する

2023 年 11 月 30 日　初版第 1 刷発行

著　者　　ベス・Ａ.グラスバーグ
訳　者　　門　　眞一郎
発行者　　大　江　道　雅
発行所　　株式会社 明石書店
　　　　　〒101-0021　東京都千代田区外神田 6-9-5
　　　　　電　話　03（5818）1171
　　　　　ＦＡＸ　03（5818）1174
　　　　　振　替　00100-7-24505
　　　　　http://www.akashi.co.jp

装　　　丁　　明石書店デザイン室
印刷・製本　　モリモト印刷株式会社

ISBN978-4-7503-5679-2

〈価格は本体価格です〉

〈価格は本体価格です〉